LA METODOLOGÍA WYCKOFF EN PROFUNDIDAD

CÓMO OPERAR CON LÓGICA LOS MERCADOS FINANCIEROS

2ª edición

RUBÉN VILLAHERMOSA CHAVES

CONTENIDOS

INTRODUCCIÓN

Con la publicación de este segundo libro le damos continuidad a todo el contenido visto en el primero "Trading e Inversión para principiantes". En él se presentaron todos los conceptos básicos que un principiante debe tener en cuenta. Es allí donde formamos los cimientos, donde dimos los primeros pasos en nuestro proceso de aprendizaje.

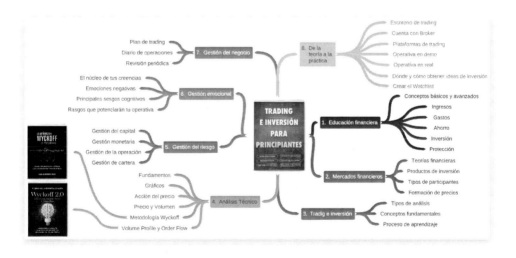

Con este libro lo que pretendemos es seguir avanzando en ese desarrollo, seguir dando pasos con los que mejorar nuestras habilidades como analistas y operadores técnicos. Si recordáis, en el primer libro propusimos tres enfoques de análisis técnico avanzado o de alto nivel: Acción del Precio, Volume Spread Analysis y Metodología Wyckoff. Pues bien, en este libro nos centraremos exclusivamente en desarrollar el apartado que trata sobre la Metodología Wyckoff como herramienta para operar en los mercados financieros.

¿A quién va dirigido este libro?

Este libro es de complejidad intermedia por lo que está dirigido a aquellos traders e inversores que ya tienen ciertas bases de conocimiento.

Definitivamente lo encontrarán valioso todos los operadores que han decidido especializarse en el Análisis Técnico como medio para abordar los mercados financieros, y en particular aquellos que se quieren especializar en el estudio de una metodología cuyos principios se basan en una lógica subyacente real.

Una metodología de Análisis Técnico lógica es aquella cuyos principios se centran en el estudio de la oferta y la demanda de alguna forma; es decir, que tratan de analizar el verdadero motor del mercado que no es otro que la interacción continua entre compradores y vendedores.

Es esta interacción continua lo que determina en última instancia el sentimiento general del mercado, quién es más probable que tenga el control (compradores o vendedores) y hacia dónde es más probable que se dirija el precio.

¿Qué es la Metodología Wyckoff y por qué necesitas este conocimiento?

Como ya sabrás, las probabilidades de ganar están en tu contra. Los mercados financieros están controlados por grandes operadores bien informados y si quieres tener una posibilidad debes tratar operar junto a ellos en vez de contra ellos.

El planteamiento es simple: cuando los operadores bien informados quieren comprar o vender llevan a cabo unos procesos que dejan sus huellas sobre el gráfico a través del precio y el volumen. La Metodología Wyckoff trata de identificar esa intervención del profesional para intentar dilucidar quién es más probable que tenga el control del mercado y capacitarnos para plantear escenarios juiciosos de hacia dónde es más probable que se dirija el precio, es decir, posicionarnos junto a ellos.

En los mercados financieros conocer qué es probable que esté haciendo el gran operador es fundamental. Básicamente porque son ellos los que o bien manejan información privilegiada; o bien realizan investigaciones que les permiten hacer unas valoraciones más objetivas; o simplemente porque tienen la capacidad de generar que el camino de la menor resistencia esté al alza o a la baja.

Es por esto que queremos saber qué está haciendo y queremos posicionarnos en su misma dirección. Esto significa que si las huellas que podemos obtener del análisis del gráfico nos sugieren que puede que estén comprando, vamos a querer comprar con ellos; y que si determinamos que lo más probable es que estén vendiendo, vamos a vender con ellos.

¿Por qué este libro y no otro?

Sencillamente es el mejor contenido creado sobre esta materia. Y no es que lo diga yo, sino que es el comentario más recurrente que han utilizado los lectores de la primera edición de este libro tras su estudio.

Este libro es el resultado de haber estudiado multitud de recursos sobre este enfoque además de la investigación y experiencia propios tras haberme enfrentado durante años al mercado implementando esta estrategia. Todo ello me ha permitido ir refinando y mejorando algunos de los conceptos más primitivos de la metodología para adaptarlos a los mercados de hoy y darles un enfoque mucho más operativo y real.

¿Qué aprenderás?

Este libro te proporcionará un conocimiento total de la metodología Wyckoff. Conocimiento que te permitirá mejorar sustancialmente tu proceso de análisis, planteamiento de escenario y toma de decisiones; logrando unos mejores resultados.

El programa que seguiremos será el siguiente:

• En la **primera parte** del libro estudiaremos algunas herramientas analíticas básicas para comprender cómo funcionan los mercados. Aprenderemos los conceptos de fractalidad y ciclo del precio. Comprenderemos que los mercados no se mueven en línea recta sino en ondas de distintos grados, las cuáles crean tendencias y rangos.

• La **segunda parte** comprende el marco conceptual teórico único que nos ofrece la metodología. Es la piedra angular, lo que hace que se posicione por encima de cualquier otra forma de análisis técnico; y es que es la única que nos informa acerca de lo que realmente está sucediendo en el mercado de una manera lógica a través de sus 3 leyes fundamentales:

1. Ley de Oferta y Demanda. Es el verdadero motor del mercado. Aprenderás a analizar las huellas que nos dejan las interacciones entre los grandes operadores.

2. Ley de Causa y Efecto. La idea es que no puede suceder algo de la nada; que para que el precio desarrolle un movimiento tendencial (efecto) primero debe haber construido una causa previamente.

3. Ley de Esfuerzo y Resultado. Se trata de analizar el precio y el volumen en términos comparativos para concluir si las acciones del mercado nos denotan armonía o divergencia.

Otra de sus ventajas es que se trata de un enfoque de análisis universal, donde su lectura es aplicable a cualquier mercado financiero y sobre cualquier temporalidad. Pero con alguna objeción, y es que se recomienda analizar mercados centralizados como acciones y futuros en donde el volumen sí es genuino y representativo; así como activos con la suficiente liquidez a fin de evitar posibles maniobras de manipulación.

• En la **tercera parte** abordamos uno de los conceptos más conocidos de la metodología, los procesos de acumulación y distribución. Estos procesos son un elemento indispensable para la obtención del contexto del mercado. El contexto tiene que ver con determinar el sentimiento, saber qué esperar que haga el precio a continuación y sesgarnos por tanto direccionalmente en uno u otro sentido.

Gracias a los esquemas de acumulación y distribución podremos identificar la participación del profesional así como el sentimiento general del mercado hasta el momento presente, habilitándonos a evaluar lo más objetivamente posible quién es más probable que tenga el control.

El contexto es una información de calidad acerca del estado en que se encuentra el activo. Gracias al contexto entendemos realmente qué está sucediendo en el mercado en todo momento.

• Las **partes cuarta** y **quinta** abarcan la otra mitad que completaría la definición del contexto: los eventos y fases. Estos conceptos son exclusivos de la metodología y nos ayudan a pautar el desarrollo de las estructuras. Esto nos pone en disposición de saber qué esperar que haga el precio tras la aparición de cada uno de ellos, ofreciéndonos un mapa de ruta que seguir en todo momento. Es la potencia de la metodología Wyckoff. Te mantiene en un estado mental en el que no tienes que adivinar nada y te libera para poder actuar casi mecánicamente ante los cambios del mercado.

• En la **sexta parte** presentaremos las estructuras. Éstas están formadas por todos los eventos y fases de la metodología y simplemente son algunas formas que tiene de representarse sobre el gráfico del precio esa interacción continua entre compradores y vendedores. Siempre ten en cuenta que el mercado es un ente vivo y que dichas estructuras no deben ser tratadas como patrones fijos ya que nunca encontraremos dos esquemas exactamente iguales.

• La **séptima parte** nos permitirá subir un par de niveles en nuestro entendimiento de la metodología. En ella se presentan algunos conceptos avanzados que nos ayudarán a profundizar mucho más en el razonamiento que hay detrás de nuestros análisis y nos dará una perspectiva mucho más práctica para la aplicación operativa de nuestros planteamientos. Además, resolveremos algunas de las dudas más frecuentes que se presentan dentro de los operadores Wyckoff avanzados. Sin duda una de las partes más importantes del libro.

• La **parte octava**, sobre operativa, nos servirá para afinar este último y determinante apartado de cualquier sistema de trading. Determinaremos las zonas operativas de alta probabilidad que nos ofrece la metodología; es decir, aquellas áreas sobre las que deberás tomar la decisión de comprar o vender. Además, se presentarán distintas opciones de entradas y salidas, así como distintas formas de gestión de la posición. Todo con el único objetivo de plantear escenarios con la mayor probabilidad de éxito.

Antes de comenzar y como ya hice en mi primer libro, debo apelar de nuevo a la importancia de mantener unas expectativas bajas y aplicar sentido común a lo que hacemos. Ni este libro, ni ningún otro libro, ni ningún curso, mentoría o especialización te convertirá en un trader o inversor ganador. Este es un camino que requiere de conocimiento y experiencia. Y esa primera parte del conocimiento continúa aquí y ahora, con un contenido intermedio como el de este libro. Con su estudio seguirás avanzando en la dirección adecuada, pero aún cuando tengas todo el conocimiento, tampoco será suficiente ya que seguirás necesitando la experiencia. Y para esto no hay ningún atajo posible. Sólo podrás adquirirla con horas de pantalla y trabajo duro. Ánimo y suerte en tu camino.

RICHARD WYCKOFF

Richard Wyckoff (1873-1934) se convirtió en una celebridad de Wall Street. Fue un adelantado en el mundo de la inversión ya que comenzó como corredor de bolsa a los 15 años y a la edad de 25 ya poseía su propia empresa de Bróker.

El método que desarrolló de análisis técnico y especulación surgió gracias a sus habilidades de observación y comunicación. Al trabajar como Bróker, Wyckoff vio el juego de los grandes operadores y comenzó a observar a través de la cinta y de los gráficos las manipulaciones que estos llevaban a cabo y con la que obtenían altos beneficios. Declaró que era posible juzgar el futuro curso del mercado por sus propias acciones ya que la acción del precio refleja los planes y propósitos de aquellos que lo dominaban.

Wyckoff llevó a cabo sus métodos de inversión consiguiendo una alta rentabilidad. Según pasaba el tiempo crecía su altruismo hasta que redireccionó su atención y pasión hacia la educación.

Escribió diversos libros así como la publicación de una popular revista de la época *"Magazine of Wall Street"*. Se sintió obligado a compilar las ideas que había reunido durante sus 40 años de experiencia en Wall Street y ponerlas en conocimiento del público general. Deseaba ofrecer un conjunto de principios y procedimientos sobre lo que se necesita para ganar en Wall Street.

Esas reglas fueron plasmadas en el curso que lanzó en 1931 *"The Richard D. Wyckoff Method of Trading and Investing Stocks. A course of Instruction in Stock Market Science and Technique"* convirtiéndose en el conocido método Wyckoff.

Muchos de los principios básicos de la metodología Wyckoff se han convertido en fundamentos básicos del análisis técnico. Wyckoff mejoró el trabajo inicial de Charles Dow y aportó enorme calidad a los principios al análisis técnico. Las tres leyes fundamentales: Oferta y Demanda, Causa y Efecto y Esfuerzo y Resultado; los conceptos de Acumulación/Distribución y la supremacía del Precio y el Volumen a la hora de determinar los movimientos del precio son algunos ejemplos.

El método Wyckoff ha pasado el test del tiempo. Más de 100 años de continuo desarrollo y uso han probado el valor del método para hacer trading e inversión en todo tipo de instrumentos financieros y temporalidades.

Este logro no debería sorprender ya que sus principios se basan en el análisis de la acción del precio y el volumen; en juzgar cómo reacciona el mercado a la batalla que tiene lugar entre las auténticas fuerzas que rigen todos los cambios del precio: la oferta y la demanda.

PARTE 1. CÓMO SE MUEVEN LOS MERCADOS

ONDAS

Wyckoff y los primeros lectores de la cinta entendieron que los movimientos del precio no se desarrollan en períodos de tiempo de igual duración, sino que lo hacen en ondas de diferentes tamaños, por esto estudiaban la relación entre las ondas alcistas y bajistas.

El precio no se mueve entre dos puntos en línea recta; sino que lo hace en un patrón de ondas. En un primer vistazo parecen ser movimientos aleatorios pero no es así en absoluto. El precio se desplaza hacia arriba y hacia abajo mediante fluctuaciones.

Las ondas tienen una naturaleza fractal y se interrelacionan entre sí; las ondas de menor grado forman parte de las ondas de grado intermedio, y éstas a su vez forman parte de las ondas de mayor grado.

Cada movimiento alcista y bajista está compuesto por numerosas ondas alcistas y bajistas menores. Cuando una onda finaliza, comienza otra en la dirección opuesta. Al estudiar y comparar la relación entre ondas; su duración, velocidad y alcance, seremos capaces de determinar la naturaleza de la tendencia.

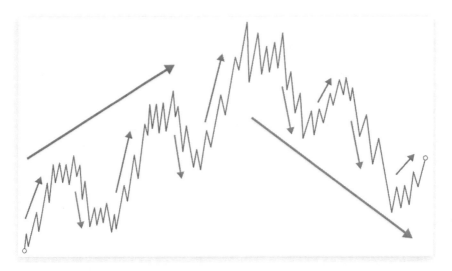

El análisis de ondas proporciona una visión clara de los relativos cambios entre oferta y demanda y nos ayuda a juzgar la relativa fortaleza o debilidad de compradores y vendedores a medida que avanza el movimiento del precio.

Mediante un juicioso análisis de ondas, gradualmente desarrollaremos la habilidad de determinar el final de las ondas en una dirección y el comienzo en la opuesta.

EL CICLO DEL PRECIO

En la estructura básica del mercado sólo existen dos tipos de formaciones:

▶ Tendencias. Estas pueden ser alcistas si se dirigen hacia arriba, o bajistas si se dirigen hacia abajo.

▶ Rangos. Pueden ser de acumulación si se encuentran al inicio del ciclo, o de distribución si se encuentran en la parte alta del ciclo.

Como ya hemos visto, el desplazamiento del precio durante estas fases lo realiza mediante ondas.

Durante la fase de acumulación, los operadores profesionales compran todo el stock que está disponible para la venta en el mercado. Cuando se aseguran mediante diversas maniobras que ya no queda más oferta flotante, inician la fase de tendencia alcista. Esta fase tendencial se trata del camino de la menor resistencia. Los profesionales ya han verificado que no encontrarán demasiada resistencia (oferta) que impida al precio alcanzar niveles superiores. Este concepto es muy importante porque hasta que no comprueben que el camino está libre (ausencia de vendedores), no iniciarán el movimiento alcista, y realizarán una y otra vez maniobras de test. En caso de que la oferta sea abrumadora, el camino de la menor resistencia estará hacia abajo y el precio en ese punto sólo podrá caer.

Durante la tendencia alcista, los compradores son más agresivos que los vendedores. En esta etapa se suma la participación de grandes operadores peor informados y del público general cuya presión hace desplazar el precio al alza. El movimiento continuará hasta que compradores y vendedores consideren que el precio ha alcanzado su valor justo; los compradores lo observarán como valioso para cerrar sus posiciones de compra; y los vendedores lo observarán como valioso para comenzar a asumir posiciones de venta (posicionamiento en corto).

El mercado ha entrado en la fase de distribución. Se estará formando un techo de mercado y se dice que los grandes operadores están terminando de distribuir (vender) el stock que previamente compraron. Se produce la entrada de los últimos compradores codiciosos así como la entrada en venta de los operadores bien informados.

Cuando estos comprueban que el camino de la menor resistencia está ahora hacia abajo, dan inicio a la fase de tendencia bajista. Si observan que la demanda está presente y sin intención de abandonar, esa resistencia a precios más bajos sólo dejará viable un camino: al alza. En caso de continuar subiendo tras una pausa, esa estructura se identificará como fase de reacumulación. Lo mismo sucede para el caso bajista: si el precio viene en tendencia bajista y tiene lugar una pausa antes de continuar con la caída, ese movimiento lateral será identificado como fase de redistribución.

Durante la tendencia bajista los vendedores son más agresivos que los compradores por lo que sólo se pueden esperar precios más bajos.

El poder determinar en qué fase dentro del ciclo del precio se encuentra el mercado constituye una ventaja significativa. Conocer el contexto general nos ayuda a evitar entrar en el lado equivocado del mercado. Esto quiere decir que si el mercado se encuentra en fase alcista tras acumulación evitaremos operar cortos y que si se encuentra en fase bajista tras distribución evitaremos operar largos. Puede que no sepas aprovecharte del movimiento tendencial; pero con esta premisa en mente seguro que evitas tener una pérdida al no intentar operar en contra tendencia.

Cuando el precio está en fases de acumulación o tendencia alcista se dice que está en una posición compradora, y cuando está en fases de distribución o tendencia bajista se dice que está en una posición vendedora. Cuando no hay interés, que ninguna campaña se ha llevado a cabo, se dice que está en posición neutral.

Se considera que un ciclo se ha completado cuando se observan todas las etapas del mismo: acumulación, tendencia alcista, distribución y tendencia bajista. Estos ciclos completos ocurren en todas las temporalidades. Por esto es importante tener en cuenta todos los marcos temporales; porque cada uno de ellos puede encontrarse en etapas diferentes. Se hace necesario contextualizar el mercado desde este punto de vista para realizar un correcto análisis del mismo. La clave siempre será que las estructuras de gráficos menores dependerán de las estructuras de los gráficos mayores.

Una vez que aprendas a identificar correctamente las cuatro fases del precio y que asumas un punto de vista totalmente imparcial, alejado de las noticias, rumores, opiniones y de tus propios prejuicios; estarás más cerca de comenzar a sacarle provecho a tu operativa.

TENDENCIAS

Los precios cambian y las ondas que resultan de esos cambios del precio generan las tendencias. El precio se mueve mediante una serie de ondas en la dirección de la tendencia (impulsos), los cuales son separados por una serie de ondas en la dirección opuesta (retrocesos).

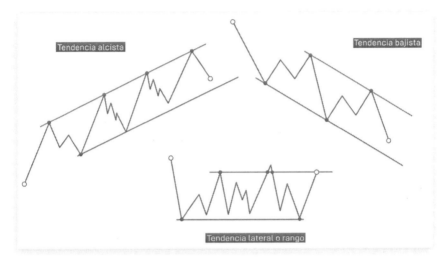

La tendencia simplemente es la línea de la menor resistencia y por tanto el trabajo del operador es identificarla y analizar su evolución para decidir qué tipo de estrategia operar en cada momento.

Cuando un mercado está subiendo y encuentra resistencia (ventas), o supera esa resistencia o el precio girará; lo mismo sucede cuando el precio está bajando y encuentra resistencia; o supera esas compras o el precio girará. Esos puntos de giro son momentos críticos y proveen excelentes sitios para operar.

Dependiendo de la dirección del movimiento, podemos diferenciar tres tipos de tendencias: alcistas, bajistas y laterales. La descripción más objetiva de tendencia alcista es cuando el precio realiza una serie de impulsos y retrocesos crecientes, donde máximos y mínimos son cada vez mayores. De igual manera, identificamos una tendencia bajista cuando máximos y mínimos son cada vez menores, dejando una serie de impulsos y retrocesos decrecientes. Por último, determinamos un entorno lateral cuando máximos y mínimos se mantienen fluctuando dentro de un rango de precios.

Las tendencias se dividen por su duración en tres categorías diferentes; largo, medio y corto plazo. Como no hay reglas estrictas para clasificarlas según el marco temporal, se pueden categorizar según éstas encajan dentro de la superior. Es decir, la tendencia de corto plazo se observará dentro de la tendencia de medio plazo, la cual a su vez estará dentro de la tendencia de largo plazo.

Tipos de Tendencias

Hay que tener en cuenta que las tres tendencias puede que no se muevan en la misma dirección. Esto puede presentar potenciales problemas al operador. Para poder ser efectivo se debe eliminar al máximo las dudas y la manera de hacerlo es identificar por adelantado el tipo de trading que se va a realizar.

En el siguiente gráfico observamos cómo el movimiento principal (rojo) sería el recorrido o tendencia principal que buscaría el Position trader o inversor; el fractal inmediatamente inferior (verde) serían el recorrido intermedio que buscaría el Swing trader; el inmediatamente inferior a este (azul) sería el movimiento que buscaría el Day trader.

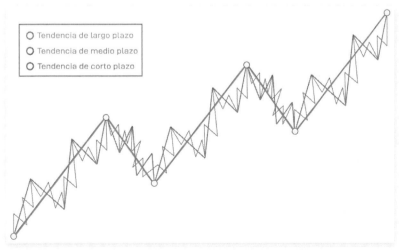

O Tendencia de largo plazo
O Tendencia de medio plazo
O Tendencia de corto plazo

Una condición muy importante a tener en cuenta a la hora de seleccionar el tipo de trading es el *Timing* (calibración de la entrada). El éxito en cualquier tipo de operativa principalmente requiere un buen *Timing*; pero el éxito en el trading a corto plazo requiere un *Timing* perfecto. Debido a esto, un principiante debería comenzar con un trading a largo plazo hasta que alcance un éxito consistente.

Debido a que las tendencias pueden ser diferentes según el marco temporal, es posible aunque difícil tener posiciones de compra y de venta al mismo tiempo. Si la tendencia de medio plazo es alcista, se puede tomar una posición de compra con la expectativa de mantenerla por algunas semanas o meses; y si mientras tanto aparece una tendencia bajista de corto plazo, se puede tomar una breve posición de venta y mantener la operación de compra al mismo tiempo.

Aunque teóricamente es posible, es extremadamente difícil mantener la disciplina necesaria para mantener ambas posiciones al mismo tiempo. Sólo los operadores experimentados deberían hacerlo. Para el iniciado es mejor operar en armonía con la tendencia y no operar en ambos lados de forma simultánea hasta ser consistentemente rentable.

Se debe aprender y entender los motivos, patrones de comportamiento y emociones que controlan el mercado. Un mercado alcista es dirigido en base a la codicia; mientras que uno bajista en base al miedo. Estas son las principales emociones que conducen los mercados. La codicia lleva a pagar precios más altos hasta llevar al precio a lo que se conoce como una condición de sobrecompra. Por otro lado, el pánico causado por las caídas lleva a querer deshacerse de las posiciones y vender, añadiendo mayor momentum al desplome hasta alcanzar condiciones de sobreventa.

Tener estas emociones no es algo negativo, siempre y cuando sepan dirigirse hacia un aspecto positivo y se tenga muy presente que lo verdaderamente importante es la protección del capital.

RANGOS

El mercado pasa la mayor parte de su tiempo en este tipo de condición, por lo tanto son extremadamente importantes.

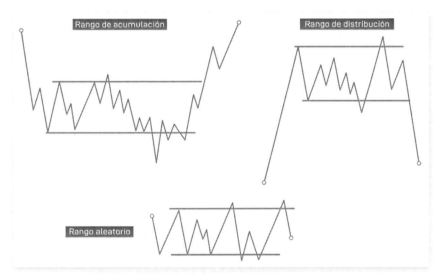

Las tendencias laterales o rangos son lugares donde el movimiento previo ha sido detenido y hay un relativo equilibrio entre oferta y demanda. Es dentro del rango donde se desarrollan las campañas de acumulación o distribución en preparación de una tendencia alcista o bajista posterior. Es esta fuerza de acumulación o distribución la que construye la causa que se verá desarrollada en el subsiguiente movimiento.

Operar en el interior del rango presenta unas óptimas oportunidades de trading con un potencial riesgo/recompensa muy favorable; sin embargo, las mejores operaciones son aquellas en las que correctamente logras posicionarte dentro del rango para aprovecharte del movimiento tendencial posterior.

Mientras que no se genere nueva información que pueda cambiar significativamente las valoraciones de los agentes, en la operativa en rango la parte baja del mismo es identificada como una zona donde el precio se encuentra barato, lo que hará que aparezcan compradores;

mientras que la parte alta se identifica como una zona donde el precio se encuentra caro, lo que llevará a vender a los participantes. Ambas acciones provocarán que el mercado se mueva hacia arriba y hacia abajo entre dichas zonas.

En la operativa en tendencia, como el precio ya se encuentra en movimiento, se habrá perdido parte de su recorrido. Al tomar ventaja de las oportunidades dentro del rango, hay posibilidades de coger un movimiento mayor.

Para estar correctamente posicionado al inicio de la tendencia, debes ser capaz de analizar la acción del precio y el volumen durante el desarrollo del rango. Afortunadamente, la metodología Wyckoff ofrece pautas únicas con las que el operador puede llevar a cabo esta tarea con éxito. La identificación de los eventos y el análisis de fases se hacen herramientas indispensables para la correcta lectura del rango.

Si no observas una tendencia claramente definida, muy probablemente el precio se encuentre en un contexto de rango. Esta tendencia neutral o lateral puede tener detrás de él tres intereses fundamentalmente: se está acumulando, en preparación de un movimiento alcista; se está distribuyendo, en preparación de un movimiento bajista; o está fluctuando hacia arriba y hacia abajo sin ningún interés definido.

Las fluctuaciones aleatorias deben ser ignoradas ya que probablemente no hay interés profesional detrás de ese mercado. Es importante entender que en no todos los rangos hay interés profesional; y que por tanto, si estos intereses no están involucrados en un valor, el precio simplemente fluctúa porque se encuentra en equilibrio y los movimientos en una dirección se neutralizan con movimientos en la dirección opuesta; pero no hay ningún gran operador que esté aprovechando esas fluctuaciones para posicionarse en previsión de un movimiento tendencial posterior.

En base a la ley de causa y efecto, es necesario que el precio consuma tiempo dentro del rango en preparación del movimiento posterior. Y que ese movimiento será directamente proporcional al tiempo dedicado en el rango. Esto quiere decir que rangos de corta duración generarán movimientos más cortos y que rangos de más duración generarán movimientos que recorrerán mayor distancia.

Para definir un rango se requieren dos puntos con los que construir el canal. Mientras el precio se mantenga dentro del rango no sucederá ningún gran movimiento. La clave está en los extremos. Cuando éstos son rotos, pueden ofrecer excelentes oportunidades de trading.

Ten claro que el movimiento decisivo de rotura del rango e inicio de la fase tendencial no podrá ocurrir hasta que se haya generado un desequilibrio claro entre la oferta y la demanda. En ese punto, el mercado debe estar en control de los profesionales bien informados y éstos deben haber confirmado que la dirección hacia donde dirigirán el movimiento del precio es el camino de la menor resistencia.

Esto quiere decir que si han acumulado con la intención de lanzar los precios al alza, primero verificarán que no encontrarán resistencia (ventas) que frenen esa subida. Cuando comprueben que el camino está libre, iniciarán el movimiento. De igual manera, si han estado distribuyendo (vendiendo) con la intención de hacer bajar los precios, necesitan asegurarse que la demanda flotante (interés comprador) sea relativamente bajo.

PARTE 2 – LAS TRES LEYES FUNDAMENTALES

LA LEY DE OFERTA Y DEMANDA

L a ley de la oferta y demanda es un modelo económico básico postulado para la formación de precios. Aunque el origen del concepto es anterior, fue formalizado, analizado y extendido en su aplicación por el economista británico Alfred Marshall.

El postulado de la oferta y la demanda implica un principio básico: que si la demanda excede a la oferta, el precio aumentará y que si la oferta es mayor a la demanda el precio bajará.

Esta idea es muy general y debe ser matizada ya que existe un error muy común al pensar que los precios suben porque hay más compradores que vendedores o que bajan porque hay más vendedores que compradores.

En el mercado siempre existe el mismo número de compradores y vendedores; ya que para que alguien compre, debe haber alguien que le venda.

Teoría

En el mercado existen compradores y vendedores que se interrelacionan para casar sus órdenes. Según la teoría de la subasta, el mercado busca facilitar ese intercambio entre compradores y vendedores; y es por esto que el volumen (liquidez) atrae al precio.

La teoría nos dice que la oferta la crean los participantes que colocan sus órdenes de venta en la columna del ASK, y que la demanda la crean los participantes que colocan sus órdenes de compra en la columna del BID. Estas órdenes se conocen como "limitadas" ya que se quedan pendientes de ejecutar en precios distintos al último precio de cruce.

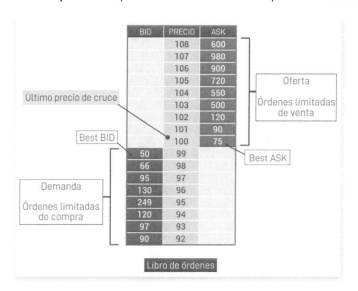

Existe otro error muy común al llamar demanda a todo lo que tiene que ver con la compra y a oferta a todo lo que tienen que ver con la venta. Lo ideal en términos operativos y al objeto de mejorar nuestros análisis es utilizar términos diferentes para distinguir a operadores agresivos y a operadores pasivos.

Los términos oferta y demanda se corresponden con el hecho de tomar una actitud pasiva mediante la colocación de órdenes limitadas en las columnas del BID y del ASK.

Mientras que cuando un operador toma la iniciativa y acude a la columna del BID para ejecutar una orden agresiva (a mercado), se le conoce como vendedor; y cuando acude a la columna del ASK se le conoce como comprador.

La clave de todo está en los tipos de órdenes que se ejecutan. Debemos diferenciar entre órdenes a mercado (agresivas) y órdenes limitadas (pasivas). Las órdenes pasivas representan únicamente intención, tienen la capacidad de hacer frenar un movimiento; pero no la capacidad de hacer que el precio se mueva. Para ello se necesita iniciativa.

Desplazamiento del Precio

Iniciativa

Para que el precio se desplace al alza, los compradores tienen que adquirir todas las órdenes de venta (oferta) que estén disponibles en ese nivel del precio y además seguir comprando de forma agresiva para obligar al precio a subir un nivel y poder encontrar ahí a nuevos vendedores con los que operar.

Las órdenes de compra pasiva hacen que el movimiento bajista se frene, pero por sí solas no pueden hacer subir el precio. Las únicas órdenes que tienen la capacidad de mover el precio al alza son las compras a mercado o aquellas por cuyo cruce de órdenes se convierte en compras a mercado.

Por lo tanto, un movimiento al alza del precio puede darse por entrada activa de compradores o al ejecutarse los *Stop Loss* de posiciones cortas.

BID	PRECIO	ASK
	108	600
	107	980
	106	900
	105	720
	104	550
	103	500
	102	120
	101	90
	100	75
50	99	
66	98	
95	97	
130	96	
249	95	
120	94	
97	93	
90	92	

Para que el precio se desplace hacia abajo un nivel los vendedores deben consumir esas 50 órdenes de compra

Para que el precio se desplace hacia arriba un nivel los compradores deben consumir esas 75 órdenes de venta

Para que el precio se desplace a la baja, los vendedores tienen que adquirir todas las órdenes de compra (demanda) que estén disponibles en ese nivel de precio y seguir presionando a la baja obligando al precio a ir en búsqueda de compradores en niveles inferiores.

Las órdenes de venta pasiva hacen que el movimiento alcista se frene, pero no tienen la capacidad de hacer bajar al precio por sí solas. Las únicas órdenes que tienen la capacidad de mover el precio a la baja son las ventas a mercado o aquellas por cuyo cruce de órdenes se convierte en ventas a mercado.

Por lo tanto, un movimiento a la baja del precio puede darse por entrada activa de vendedores o al ejecutarse los *Stop Loss* de posiciones largas.

Falta de interés

También es necesario comprender que la ausencia de una de las dos fuerzas puede facilitar el desplazamiento del precio. Una ausencia de la oferta puede facilitar la subida del precio de igual manera que una ausencia de la demanda puede facilitar su caída.

Al retirarse la oferta, esta falta de interés se representará como una cantidad menor de contratos colocados en la columna del ASK y por tanto el precio podrá desplazarse más fácilmente al alza con muy poco poder de compra.

BID	PRECIO	ASK
	108	134
	107	100
	106	180
	105	120
	104	44
	103	26
	102	15
	101	7
	100	5
50	99	
66	98	
95	97	
130	96	
249	95	
120	94	
97	93	
90	92	

Gran desequilibrio entre las órdenes limitadas de compra y las órdenes limitadas de venta = Falta de interés vendedora

Por el contrario, si es la demanda la que se retira, se traducirá en una reducción en los contratos que los compradores están dispuestos a colocar en el BID y esto hará que el precio pueda bajar con muy poca iniciativa vendedora.

El Proceso de Subasta

Para que una orden pueda ser ejecutada debe emparejarse con otra orden cuya intención sea la opuesta. Esto quiere decir que para que una operación de venta (oferta) se ejecute, debe casarse con una operación de compra (demanda) y viceversa.

El mercado se mueve por ese proceso de intercambio entre los agentes. Es de vital importancia comprender este concepto ya que prácticamente todas las acciones que explicaremos posteriormente están basadas en este principio.

Cuando los operadores bien informados deciden construir una posición de compra, van a ser los operadores mal informados los que les van a dar esa liquidez, esa contrapartida que necesitan para casar sus ordenes de entrada y salida del mercado.

En realidad es exactamente igual a cualquier otro tipo de mercado en el que se intercambian bienes. Si tú ofertas tu casa a la venta, hasta que no haya un comprador interesado en adquirirla no se podrá ejecutar la negociación. Para que alguien pueda comprar debe haber alguien que le venda aquello que quiere. En los mercados financieros sucede lo mismo. Ya sea que se intercambien acciones, contratos o unidades, por cada comprador siempre hay un vendedor al otro lado, y ese otro lado se conoce como contrapartida.

Absorción

Como acabamos de estudiar, en una negociación siempre habrá un comprador asumiendo un lado del mercado y un vendedor asumiendo el opuesto, este es el principio de contrapartida: el comprador es la contrapartida del vendedor y, al mismo tiempo, el vendedor es la contrapartida del comprador.

Cuando hablamos de absorción hacemos referencia a la capacidad por parte de uno de los lados del mercado a bloquear el mercado en una dirección mediante órdenes limitadas. Este tipo de órdenes no tienen la capacidad de empujar al precio en una dirección, pero sí de detener un movimiento; y justo esto es lo que sucede cuando tiene lugar la absorción.

Imagina que hay mucho interés por comprar un activo, que muchos operadores asumen una actitud agresiva y acuden a la columna del ASK del libro de órdenes para comprar al último precio disponible. Como sabemos, por cada comprador debe haber un vendedor. Si hay un desequilibrio y se consumen todas las órdenes de venta que hay en ese nivel de precio, el mercado subirá otro nivel. ¿Pero qué ocurriría si de manera constante a todos esos compradores se les proporciona la contrapartida que necesitan? Pues sencillamente que nunca se agotaría la oferta disponible en ese nivel de precio y por tanto el mercado no se podría desplazar al alza. El mercado está siendo bloqueado, está teniendo lugar un proceso de absorción de compras en pequeña escala.

Lo mismo puede suceder cuando se produce una absorción de ventas: hay muchos operadores dispuestos a vender y acuden a la columna del BID del libro de órdenes para ejecutar sus órdenes a mercado; pero como haya algún gran operador actuando de contraparte porque tiene intereses más arriba, el mercado no bajará. Todas esas posiciones serán absorbidas por el gran operador, el cual estará llevando a cabo su campaña de posicionamiento.

Gracias a la fractalidad del mercado podemos observar los mismos comportamientos independientemente de la escala temporal. Aplicado al proceso de absorción, éste se puede representar en diferentes grados. La absorción en grado menor podemos identificarla a nivel micro analizando el flujo de órdenes, en una escala intermedia aplicando la ley de esfuerzo y resultado con la que analizamos la acción del precio y el volumen (como veremos a continuación), y en una escala mayor podemos identificarla en términos de estructuras completas. Según avances en el estudio del libro te irán encajando todas las piezas hasta que completes el puzzle.

Conclusión

Independientemente del origen de la orden de compra o venta (trader retail, institucional, algoritmo etc.) el resultado es que se añade liquidez al mercado; y esto es lo realmente importante a la hora de hacer trading.

Dos de las herramientas que podemos utilizar para comprender el resultado de esa interacción entre la oferta y la demanda son el precio y el volumen.

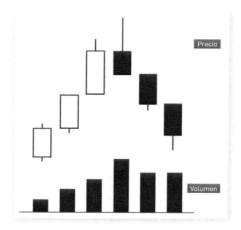

Es necesario desarrollar la habilidad de interpretar correctamente la acción del precio con respecto a su volumen si queremos saber en todo momento lo que está sucediendo en el mercado.

Es por esto que la metodología Wyckoff se considera un enfoque realmente sólido para analizar lo que está sucediendo en el gráfico (procesos de acumulación y distribución) y realizar planteamientos de escenarios juiciosos.

Si quieres profundizar en la Ley de Oferta y Demanda y comprender cómo se realiza el proceso de cruce de órdenes te recomiendo que estudies mi libro "Wyckoff 2.0: Estructuras, Volume Profile y Order Flow"; en él tratamos de descifrar esta compleja materia de la microestructura del mercado.

La Ley de Causa y Efecto

La idea es que no puede suceder algo de la nada; que para ver un cambio en el precio, primero debe haberse construido una causa que lo origine.

Generalmente, las causas se construyen mediante un importante cambio de manos entre los operadores que están bien informados y los que no. En el caso de operaciones individuales, la causa que hace subir al precio es el deseo del comprador de querer esas acciones o el deseo del vendedor de querer ese dinero.

Además de ver la causa en términos de una operación individual, el objetivo es ver la causa desde una perspectiva más amplia, en términos de movimientos. Para esto, se dice que el mercado está construyendo una causa durante los períodos de lateralización del precio; y que éstos generan posteriormente como efecto un movimiento tendencial al alza o a la baja.

En estos períodos de lateralización se llevan a cabo campañas de absorción de *stock* en el que los grandes operadores comienzan a posicionarse en el lado correcto del mercado expulsando poco a poco al resto de participantes hasta que encuentran libre de resistencia el camino en que se dirigirá posteriormente el precio.

Un aspecto importante de esta ley es que el efecto realizado por la causa estará siempre en proporción directa a esa causa. Consecuentemente, una gran causa producirá un efecto mayor, y una causa pequeña resultará en un efecto menor. Es de lógica pensar que cuanto mayor sea el período de tiempo que pasa el mercado en una condición de rango desarrollando una campaña, mayor distancia recorrerá el movimiento tendencial posterior.

La clave es entender que es durante las fases laterales del precio donde se desarrollan los procesos de acumulación/distribución.

En función de su duración y de los esfuerzos que veamos durante su formación (maniobras como las sacudidas), esta causa provocará un movimiento de respuesta al alza o a la baja (efecto).

Otro aspecto a tener en cuenta es que no todos los rangos son procesos de acumulación o distribución. Este punto es muy importante. Recuerda que la metodología nos dice que habrá estructuras que simplemente son fluctuaciones del precio sin más y no tienen una causa que las motive.

Esquemas Rápidos

Existen ciertas condiciones del mercado con las que se pueden originar los giro del precio sin una gran preparación previa. Se tratan de los esquemas rápidos que introdujimos en mi primer libro "Trading e inversión para principiantes".

En estos contextos el mercado tiene cierta urgencia por cambiar la dirección de la tendencia y los grandes operadores bien informados ejecutan el intercambio de stock en un breve espacio de tiempo, sin desarrollar una campaña duradera.

Generalmente identificamos cuatro modelos de comportamiento:

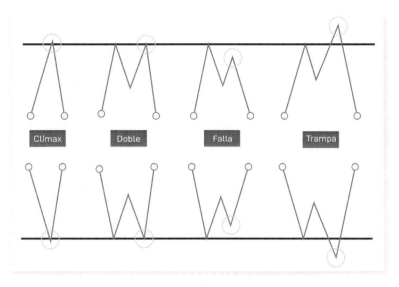

- **Clímax**: El movimiento después del último impulso revierte por completo y con fuerza dicho impulso previo.

- **Doble** techo/suelo. El movimiento encargado de hacer un nuevo máximo/mínimo se queda en el mismo nivel del máximo/mínimo previo y después revierte.

- **Falla**. El movimiento encargado de hacer un nuevo máximo/mínimo no logra alcanzar al máximo/mínimo previo antes de revertir.

- **Trampa**. El movimiento encargado de hacer un nuevo máximo/mínimo sobrepasa levemente (hasta +20%) el máximo/mínimo previo para después revertir.

Lo interesante del asunto, sobre todo, es que gracias al comportamiento fractal del mercado vamos a poder identificar cualquiera de estas cuatro formas en todos los movimientos del mercado independientemente de su grado e importancia. Eso quiere decir que tanto movimientos individuales como tendencias a nivel general van a finalizar en gran parte de ocasiones de alguna de estas cuatro maneras.

Gráficos de Punto y Figura

En principio, la proyección del efecto será desconocida, pero lo podemos plantear como proporcional al esfuerzo que lo provocó. Wyckoff utilizaba el gráfico de punto y figura para cuantificar la causa y estimar el efecto.

Mediante el conteo horizontal de columnas se estiman los posibles objetivos. Se trata de proveer una buena indicación de cuán lejos puede llegar un movimiento. La acumulación produciría un conteo al alza mientras que la distribución lo proyectaría a la baja.

A diferencia de los gráficos de barras, que están basados en tiempo; los gráficos de punto y figura están basados en volatilidad. Para que el gráfico de punto y figura avance hacia la derecha y genere una nueva columna, requiere primero de un movimiento del precio en la dirección opuesta.

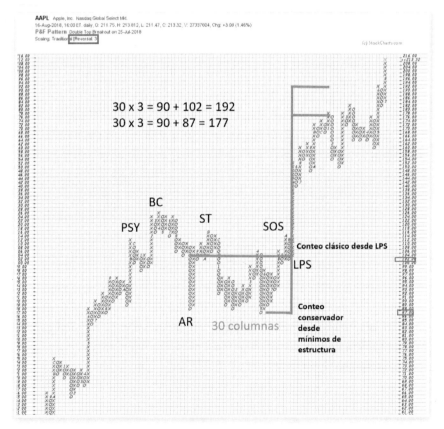

El conteo sobre este tipo de gráfico se realiza de derecha a izquierda y está delimitado entre los dos niveles sobre los que apareció en primer y en último lugar la fuerza que controla el mercado en ese momento:

• Para la proyección de un conteo en un esquema de acumulación medimos el número de columnas que hay entre el *Last Point of Support* (último evento sobre el que aparece la demanda) y el *Preliminary Support* o *Selling Clímax* (primeros eventos de aparición de la demanda).

• Para la proyección de un conteo de distribución medimos el número de columnas que hay entre el *Last Point of Supply* (último evento sobre el que aparece la oferta) y el *Preliminary Supply* o el *Buying Clímax* (primeros eventos de aparición de la oferta).

• Para los rangos de reacumulación el conteo se realiza desde el *Last Point of Support* hasta el *Automatic Reaction* (ya que este es el primer evento sobre el que apareció la demanda)

• Para los rangos de redistribución el conteo se realiza desde el *Last Point of Support* hasta el *Automatic Rally* (primer evento sobre el que apareció la oferta)

Tras contar el número de cajas que forman el rango, se multiplica el resultado por el valor de la caja.

La proyección clásica la obtenemos al sumar la cifra resultante al precio sobre el que se produce el LPS/LPSY.

Para obtener una proyección moderada, la cifra resultante se suma al precio del mayor extremo alcanzado.

• En los rangos de distribución, el máximo más alto generalmente será el que establezca el *Upthrust* (UT) o el *Buying Clímax* (BC).

• Para los rangos de acumulación, el mínimo más bajo generalmente será el del *Spring* (SP) o el del *Selling Clímax* (SC).

Obtén una proyección más conservadora dividiendo el área en fases. Realiza los conteos desde y hasta donde se producen los giros del precio. Cuenta el número de cajas que forman cada fase y multiplícalo por el valor de la caja. La cifra resultante se suma al precio del LPS/LPSY o al precio del mayor extremo alcanzado.

Sólo porque el valor tenga una amplia preparación no significa que toda el área sea acumulación o distribución. Es por esto que los conteos realizados mediante el gráfico de punto y figura no siempre alcanzan el objetivo de mayor alcance y por tanto se sugiere dividir el rango para generar varios conteos y establecer así diferentes objetivos.

Análisis Técnico Para Proyección de Objetivos

Hay operadores que consideran que la proyección de objetivos mediante el conteo del gráfico de punto y figura es poco operativo en los mercados actuales.

También existe una problemática con el punto y figura a la hora de su elaboración ya que existen diversas maneras de hacerlo. Esto le resta utilidad ya que esa subjetividad hace que pierda confianza en dicha herramienta.

Algunos operadores prefieren simplificarlo y utilizar herramientas como Fibonacci, Elliot o patrones armónicos (proyección vertical del rango) para la proyección de objetivos. El problema de aplicar estos métodos es que no están basados en una lógica subyacente real, quedando a discreción del operador la identificación de tales niveles, con la problemática que esto conlleva.

Lo único objetivo es que no podemos conocer a ciencia cierta cuál será el efecto que tendrá dicha causa. Al objeto de tomar beneficios, parece mucho más sensato seguir aplicando una lectura objetiva del mercado y utilizar herramientas como el Volume Profile. Abordaremos esto más adelante.

Conclusión

Ya que el mercado se mueve bajo esta ley de causa y efecto sirviéndose de las fases laterales para generar los movimientos subsiguientes, nos puede aportar una ventaja tratar de descifrar qué está sucediendo durante el desarrollo de dichas estructuras.

Y para esa tarea la metodología Wyckoff nos ofrece excelentes herramientas. Los operadores Wyckoff sabemos que son en esas condiciones laterales desde donde nacen las tendencias y es por esto que estamos continuamente en la búsqueda del inicio de nuevas estructuras. El objetivo es analizar la acción del precio y el volumen dentro de ellas para posicionarnos antes de que se desarrolle el movimiento tendencial.

Una tendencia finalizará y una causa comenzará. Una causa finalizará y una tendencia comenzará. El método Wyckoff está centrado alrededor de la interpretación de esas condiciones.

La ley de Esfuerzo y Resultado

El análisis bajo la ley de esfuerzo y resultado trata de evaluar la acción del precio y el volumen con el objetivo de determinar si existe armonía o divergencia entre ellos y poder dilucidar si el interés es genuino o falso en dicha acción en particular. Se trata de evaluar la dominación de compradores o vendedores a través de la convergencia y divergencia entre el precio y el volumen.

En los mercados financieros, el esfuerzo lo representa el volumen mientras que el resultado lo representa el precio. Esto quiere decir que la acción del precio debe reflejar la acción del volumen. Sin esfuerzo no puede haber resultado. Se trata de evaluar la dominación de compradores o vendedores a través de la convergencia y divergencia entre el precio y el volumen.

La Importancia del Volumen

El precio no es el único factor importante en los mercados financieros. Un factor quizá más importante aún es el carácter del volumen. Estos dos elementos (precio y volumen) forman parte de la piedra angular de la metodología Wyckoff.

El volumen identifica la cantidad de *stock* (acciones, unidades, contratos) que ha cambiado de manos. Cuando los grandes operadores están interesados en un valor, esto se reflejará en el volumen operado.

Este es el primer concepto clave: la participación de los grandes operadores se identifica al observarse un aumento en el volumen.

Armonía y Divergencia

Un aumento significativo del volumen nos indica la presencia del dinero profesional con el objetivo de producir un movimiento (de continuación o de giro).

Si el esfuerzo está en armonía con el resultado es una señal de fortaleza del movimiento y sugiere su continuación. Si el esfuerzo está en divergencia con el resultado es una señal de debilidad del movimiento y sugiere una reversión.

También hay que tener en cuenta que el movimiento del precio estará en proporción directa a la cantidad de esfuerzo dedicado. En caso de que se sugiera armonía, un mayor esfuerzo provocará un movimiento de larga duración; mientras que un leve esfuerzo se verá reflejado en un movimiento de duración menor.

Por otro lado; en caso de que se sugiera divergencia, el resultado tiende a estar en proporción directa a esa divergencia. Una divergencia menor tiende a generar un resultado menor y una divergencia mayor, un resultado mayor.

Tabla de Análisis

La tabla completa de armonía/divergencia a la hora de evaluar la acción del precio y el volumen es la siguiente:

Sugerencia	En el desarrollo de una vela	En el siguiente desplazamiento	En el desarrollo de los movimientos	Por ondas	Al alcanzar niveles clave
Armonía	Volumen alto que desarrolla un rango ancho	Volumen alto en una vela alcista que hace subir al precio	Volumen alto en un impulso	Onda creciente en un impulso	Volumen alto que rompe el nivel
	Volumen bajo que desarolla un rango estrecho	Volumen alto en una vela bajista que hace bajar al precio	Volumen bajo en un retroceso	Onda decreciente en un retroceso	Volumen bajo que no rompe el nivel
Divergencia	Volumen alto que desarrolla un rango estrecho	Volumen alto en una vela alcista que no hace subir al precio	Volumen bajo en un impulso	Onda decreciente en un impulso	Volumen alto que no rompe el nivel
	Volumen bajo que desarrolla un rango ancho	Volumen alto en una vela bajista que no hace bajar al precio	Volumen alto en un retroceso	Onda creciente en un retroceso	Volumen bajo que rompe el nivel

A continuación vamos a profundizar en todas las acciones con las que podamos aplicar esta ley de esfuerzo y resultado:

En el desarrollo de una vela

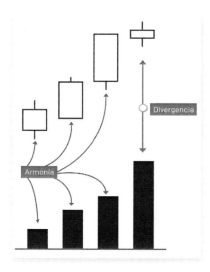

Es la evaluación más simple. Tratamos de analizar la acción del precio y el volumen en una simple vela de forma individual.

Las velas son la representación final de una batalla entre compradores y vendedores dentro de un determinado período de tiempo. El resultado final de esa interacción entre oferta y demanda nos transmite un mensaje. Nuestra labor como traders que analizan la acción del precio y el volumen es saber interpretar correctamente ese mensaje. En este caso de forma aislada.

Buscamos que haya una concordancia entre los rangos del precio y el volumen operado. Para que ese mensaje nos transmita armonía, queremos ver rangos amplios en volúmenes altos y rangos estrechos en los volúmenes bajos. Lo opuesto nos marcaría una divergencia.

Como es la mínima evaluación, el análisis vela a vela nos resulta especialmente útil para la identificación del gatillo de entrada y para ver acciones clave aisladas como eventos climáticos.

En el siguiente desplazamiento

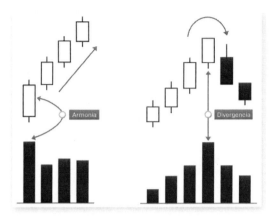

En este apartado tratamos de analizar la acción del precio y el volumen en una porción más amplia; en el desplazamiento posterior del precio.

Queremos evaluar si ese volumen genera un movimiento en la dirección de la vela original o si por el contrario el precio se desplaza en la dirección opuesta tras observarse ese aumento en el volumen. Por tanto, obtendríamos una armonía esfuerzo/resultado si esa vela más ese volumen provocan una continuación en el movimiento; y divergencia si se genera un giro en el mercado.

Normalmente, al inicio de cada movimiento impulsivo vamos a ver un volumen relativamente alto que lo apoya; mientras que al inicio de los movimientos correctivos no veremos tal volumen. Ser conscientes de este hecho puede resultarnos interesante a la hora de analizar la naturaleza de un movimiento.

• Si queremos tratar un movimiento como impulsivo vamos a querer ver ese volumen alto en su origen, lo que nos indicaría presencia institucional apoyando dicho movimiento, por lo que la probabilidad estaría en esa dirección.

• Si vemos que un movimiento se genera sin un gran volumen en su origen, objetivamente se trataría de un movimiento sin participación institucional y nos sugiere que ese movimiento es un retroceso o en caso de que tenga naturaleza impulsiva nos denotaría divergencia.

La clave aquí es recordar que el mercado sólo se moverá si hay grandes instituciones interesadas en esa dirección.

En el desarrollo de los movimientos

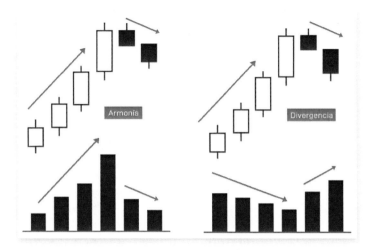

Aumentamos la porción de nuestro análisis y en esta ocasión analizamos la acción del precio y el volumen en término de movimientos completos.

Como norma general, los movimientos impulsivos vendrán acompañados por un aumento en el volumen según el precio se desplaza en la dirección de la menor resistencia; y los movimientos de naturaleza correctiva vendrán acompañados por un volumen menor.

Entonces, determinamos que hay armonía en un movimiento cuando el impulso viene con aumento del volumen y el retroceso con disminución. De igual manera, determinamos divergencia cuando observamos un movimiento cuyo impulso muestra un volumen relativamente menor al visto previamente, y el retroceso muestra un volumen relativamente mayor (habría que evaluar en ese punto si realmente se trata de un retroceso).

Por Ondas

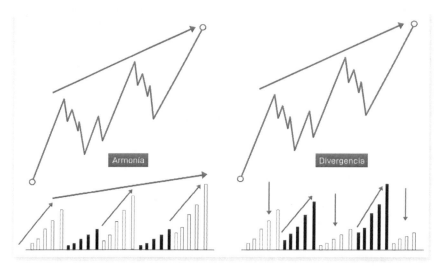

Esta herramienta (originalmente creada por David Weis) mide el volumen que se ha operado por cada onda (al alza y a la baja). En conjunto, nos permite evaluar las condiciones del mercado y comparar de una forma más precisa la presión alcista y bajista entre movimientos.

Un dato clave a tener en cuenta al analizar las ondas es que no todo el volumen operado en una onda alcista serán compras y que no todo el volumen operado en una onda bajista serán ventas. Como cualquier otro elemento, requiere de su análisis e interpretación. El análisis de esfuerzo y resultado es exactamente el mismo. Se trata de comparar la onda actual de volumen con las previas; tanto con la que apunta en su dirección como con la que va en la dirección opuesta.

Obtendríamos una armonía si en un movimiento al alza los impulsos alcistas van acompañados por ondas alcistas con un mayor volumen que los retrocesos bajistas. También determinaríamos una armonía si el precio realiza nuevos máximos y cada impulso alcista lo hace con un aumento en el volumen de las ondas. Por contra, tendríamos una divergencia si el precio se desplaza al alza pero las ondas alcistas son cada vez menores; o si en ese desplazamiento al alza las ondas bajistas muestran mayor fortaleza.

Al alcanzar niveles clave

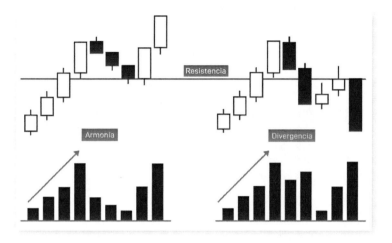

Es una forma más de evaluar esta ley de esfuerzo y resultado; en esta ocasión, en términos de rotura de niveles y zonas operativas.

Es sencillo: si se aproxima a un nivel con volumen y realiza una rotura efectiva diremos que hay armonía esfuerzo/resultado en ese movimiento de rotura. Ese volumen tenía intención de seguir avanzando y ha absorbido todas las órdenes que allí estaban ubicadas.

Si por el contrario se aproxima a un nivel con volumen y realiza una falsa rotura, diremos que hay divergencia. Todo ese volumen operado ha estado participando en la dirección opuesta a la rotura del nivel.

La clave es ver si el precio aguanta al otro lado del nivel o no. Puede consumir cierto tiempo antes de continuar en la dirección de la rotura con un nuevo impulso; mientras no pierda el nivel, en principio la rotura deberíamos tratarla con posibilidades de ser efectiva.

Se puede aplicar a cualquier tipo de nivel. Ya sean horizontales (soportes y resistencias), con pendiente (líneas de tendencia, líneas de canal, líneas invertidas, convergentes, divergentes), niveles dinámicos (medias móviles, VWAP, bandas); así como cualquier otro nivel que establezca una metodología en concreto.

Esfuerzo/Resultado en Tendencias

Además de lo previamente estudiado, la evaluación del esfuerzo/resultado se puede incluir en otros contextos del mercado más generales como las tendencias.

Normalmente, grandes volúmenes relativos acompañan la terminación de un movimiento tendencial prolongado, especialmente si en su última parte van acompañados por pequeños avances del precio.

Por tanto, un fuerte volumen tras una gran tendencia bajista indica que la caída está casi completada. Puede que se trate de un clímax de ventas y que probablemente esté comenzando una acumulación.

De igual manera, un fuerte volumen tras una prolongada tendencia alcista indica que la terminación del movimiento alcista está cerca y que podría estar comenzando la fase de distribución.

Falta de Interés

Los giros no siempre ocurren cuando hay un volumen considerable (esfuerzo) y un movimiento del precio comparativamente pequeño (resultado). Encontramos otra manera capaz de originar un giro del precio y es la falta de interés.

Pequeños volúmenes en suelos de mercado tras una considerable bajada o tras un retroceso bajista generalmente indica falta de presión vendedora. Si no hay interés en seguir bajando, una aparición ahora de los compradores provocaría un giro al alza. De igual manera, pequeños volúmenes en techos de mercado tras una considerable subida o tras un retroceso alcista generalmente indica falta de presión compradora que llevaría al precio a un giro bajista con la aparición de los vendedores.

Recuerda que aumentos o descensos relativos del volumen de forma repentina es significante y te ayudarán a identificar cuándo un movimiento puede que esté terminando.

PARTE 3 - LOS PROCESOS DE ACUMULACIÓN Y DISTRIBUCIÓN

Cuando se creó la metodología Wyckoff el ecosistema del mercado financiero era muy distinto al actual. En aquella época el único producto disponible era el mercado de acciones, por lo que sus ideas se diseñaron para explicar el funcionamiento en este tipo de mercados que cuentan con un stock disponible y limitado.

Hoy en día los mercados de acciones siguen funcionando bajo la misma premisa y los procesos de acumulación y distribución se desarrollan de igual manera: a través de la absorción de las acciones en circulación. Es la forma en la que Richard Wyckoff comprendió originalmente a través de la observación cómo funcionaban realmente los mercados financieros.

Con el paso del tiempo los avances tecnológicos han traído consigo nuevos productos financieros como los derivados. Los productos derivados son instrumentos cuyo valor deriva de la evolución de otros activos financieros como las acciones, así como de activos tangibles (reales) como materias primas o metales preciosos. Estos otros activos sobre los que se crean los derivados se conocen como activos subyacentes.

Alguno de los principales productos derivados son los futuros y las opciones. En estos tipos de mercados no hay un stock disponible y limitado como en el mercado de acciones, sino que se intercambian contratos; y el número de contratos que se pueden intercambiar es ilimitado. Con esta premisa de base, los procesos de acumulación y distribución en los mercados de derivados no se basan en la absorción hasta agotar la disponibilidad del stock, sino que se basan en la agresividad y falta de interés de uno y otro lado (compradores y vendedores).

El número de contratos que se pueden negociar en el mercado de derivados serán tantos como los participantes quieran. Entonces, son estos participantes los que van a determinar en base a su disposición cuándo se podrá generar un proceso de acumulación o distribución. La idea es que al finalizar estos procesos, la mayor parte del mercado estará posicionado en una misma dirección. En ese punto tendremos a uno de los lados denotando agresividad mediante su posicionamiento y al otro lado denotando falta de interés al permanecer fuera del mercado o con muy poca presencia. Justo en ese momento se desarrollará el efecto de la causa.

Manos Fuertes vs Manos Débiles

Inicialmente los términos manos fuertes y manos débiles hacían referencia a los traders desde el punto de vista de si se dejaban guiar por sus emociones en la toma de decisiones; siendo manos fuertes los que no permitirían tomar sus decisiones basadas en emociones, y manos débiles aquellos que no tienen margen para permitirse grandes pérdidas y que en momentos de alto estrés abandonarían sus posiciones.

Este concepto fue cambiando de definición y pasó a hacer referencia a la batalla entre grandes operadores (u operadores con gran capacidad y músculo financiero) contra pequeños operadores (los participantes con menor capacidad, conocidos como retail; o sea, tú y yo).

Aplicando un poco de sentido común llegaremos a una explicación más objetiva y real de lo que deberíamos entender como manos fuertes y débiles. Los mercados más líquidos del mundo (como el S&P500 o las empresas de alta capitalización) están en su práctica totalidad controladas por grandes operadores. Son mercados puramente institucionales donde los minoristas tenemos poco que ver. Se trata de una batalla entre ellos, entre los grandes agentes, es decir, que aunque nos juntemos todos los minoristas del mundo y decidamos ejecutar una maniobra bien orquestada, no tendríamos la capacidad suficiente como para mover el mercado a nuestro parecer.

Es por ello que hacer referencia a manos fuertes contra manos débiles desde ese punto de vista clásico no tiene mucho sentido. A los grandes operadores la liquidez que podemos aportar los minoristas al mercado no les sirve absolutamente para nada. Cuando entran o salen del mercado necesitan una gran cantidad de liquidez, liquidez que los minoristas no estamos en posición de proveer.

Obviamente las características entre los mercados son diferentes y el escenario arriba expuesto sí podría ejecutarse de manera satisfactoria en caso de querer intervenir sobre un activo menos líquido (empresas de baja capitalización, algunas criptomonedas etc.). Es el grado de liquidez por tanto lo que determina la naturaleza de sus participantes. Cuanto más líquido sea el mercado financiero, más difícil será que pueda ser manipulado, entendiéndose la manipulación como que un único gran participante tenga cierto poder de mercado, la capacidad de crear una campaña y mover el precio a su antojo.

Razonando todo esto llegaremos a otro punto interesante y es que no todos los grandes operadores ganan dinero de forma consistente en los mercados. Un mito. Como ya hemos introducido, los mercados más líquidos representan básicamente una lucha entre instituciones, por lo que alguna deberá asumir pérdidas en algún momento.

Y esto concuerda con la realidad. Si analizas estadísticas verás que hay una gran cantidad de vehículos financieros con rendimientos muy pobres. Estos instrumentos son las víctimas favoritas de los grandes operadores ya que les pueden proveer de una gran liquidez. Liquidez que es necesaria para sus intereses ya que sin ella no podrían casar sus órdenes para entrar y salir del mercado.

Bien Informados vs Mal Informados

Y como una teoría no puede ponerse en duda sin presentar otra que la pueda sustituir, parecería mucho más adecuado hablar en términos de operadores bien o mal informados en vez de manos fuertes o débiles.

Definitivamente la capacidad de los operadores (que tengan mayor o menor músculo financiero) no va a ser el elemento clave que hará que unos ganen y otros pierdan. Es la información que posean y lo que puede derivar de esto lo que sí lo hará.

Cuando hablamos de bien informados hago referencia a diversos actores: tanto el que pueda tener información privilegiada como el que hace análisis con valoraciones acertadas sobre el precio de un activo. Y por prolongación, también serán operadores bien informados los que sepan identificar la aparición de éstos sobre el gráfico (materia de estudio del VSA y metodología Wyckoff). Analizar bajo estas metodologías nos pone en disposición de poder identificar esta presencia institucional y entrar en el lado de los que se encuentran bien posicionados.

Por el contrario, los operadores mal informados evidentemente son aquellos que en última instancia pierden dinero. Pero este es el resultado de haber hecho valoraciones que no se adecuan a la realidad o no haber sabido interpretar correctamente la información del gráfico.

Esquemas Rápidos y Lentos

Normalmente los procesos de acumulación y distribución requieren tiempo. Si hay grandes operadores interesados en el valor, interesados en generar una gran campaña, necesitarán llevar a cabo la absorción de las órdenes que requieren mediante un proceso lento. Estos esquemas lentos son las estructuras que la Metodología Wyckoff trata de analizar y sobre las que pondremos el foco a lo largo de este libro.

Esquema distributivo con sacudida (Upthrust)

Pero también sabemos que el mercado no siempre se comporta así, y en casos donde hay más urgencia o las campañas requieren de menos volumen, este tipo de procesos se evidencian mediante esquemas rápidos, identificables mediante los cuatro modelos de comportamiento explicados previamente: climax, falla, doble y trampa.

Esquema tipo doble

Dependiendo de las características del mercado, de los tipos de operadores que estén negociando en él, y de toda la información y condiciones que rodeen al activo, se desarrollará un tipo de esquema u otro. Lo importante es tener la mente abierta y concebir cualquier posibilidad.

En este libro nos centraremos sobre todo en los esquemas lentos ya que este tipo de esquemas son los que aparecen con mayor frecuencia en los mercados.

ACUMULACIÓN

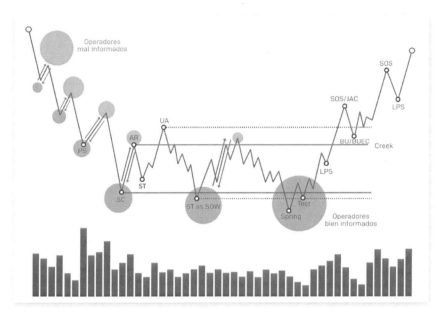

Un rango de acumulación es un movimiento lateral del precio precedido por un movimiento bajista sobre el cual se lleva a cabo una campaña de compra del activo por parte de los grandes operadores con el objetivo de venderlo a precios más altos en el futuro y sacar un beneficio de la diferencia.

Control del Mercado

Durante el desarrollo del movimiento bajista que le precede, el control del mercado estará principalmente en manos débiles, en operadores mal informados. Para poder girar un mercado es necesario que sean las manos fuertes, los grandes operadores bien informados quienes tengan el control del mercado.

Según cae el precio, el control va paulatinamente cambiando de manos; cuanto más cae, mayor posicionamiento tienen los operadores bien informados. Es durante el desarrollo de la estructura de acumulación donde se produce el proceso final de intervención por parte de los grandes operadores, momento en el cual el precio se encuentra preparado para iniciar el movimiento al alza.

La Ley de Causa y Efecto

Son en estas condiciones de rangos donde vemos en funcionamiento la ley de causa y efecto en los mercados; la cual nos dice que para que haya un efecto, primero debe haber una causa que lo origine; y que el efecto estará en proporción directa a la causa.

En el caso del rango de acumulación, el posicionamiento en compra (causa) tendrá como efecto un movimiento tendencial alcista posterior; y el alcance de este movimiento estará en proporción directa al tiempo que haya pasado el precio construyendo esa causa y al volumen que se haya negociado durante toda la estructura.

La preparación de un importante movimiento lleva un tiempo considerable. Un gran operador no puede comprar todo lo que quiere de una vez ya que de ejecutar una orden con toda la cantidad que desea, obtendría peores precios debido al desplazamiento que su propia orden generaría.

Para poder desarrollar esta tarea, los profesionales necesitan planificar y ejecutar un plan cuidadoso con el que intentar absorber toda la venta disponible al precio medio más bajo posible.

Maniobras de Manipulación

En el proceso de acumulación, los grandes operadores crean un entorno de extrema debilidad. Las noticias en este punto muy probablemente sean malas y muchos se verán influenciados a entrar en el lado equivocado del mercado. Mediante diversas maniobras, logran hacerse poco a poco con toda la oferta disponible.

En el rango de acumulación observamos un evento fundamental que caracteriza este tipo de contexto ya que en muchas ocasiones es la acción que da inicio al movimiento tendencial. Es la sacudida bajista, también conocida como "*Spring*". Se trata de un movimiento brusco a la baja el cual rompe el nivel de soporte del rango y con el que los grandes operadores se sirven para llevar a cabo una triple función: Alcanzar los *stops* de pérdida de aquellos traders que estaban bien posicionados en el lado largo; inducir en venta a los operadores mal informados que piensan en la continuación del movimiento bajista; y lucrarse con dicho movimiento.

Si bien es cierto que este evento de sacudida es una acción que añade fortaleza al escenario alcista, también es cierto que no siempre se producirá. Debes ser consciente que en muchas ocasiones se iniciará el desarrollo de la tendencia alcista sin producirse esta acción terminal. Se trata de un contexto algo más difícil de determinar pero igualmente válido.

Al mismo tiempo, necesitan sacar del mercado a los operadores conocidos como manos débiles. Estos son operadores que de estar posicionados en compra, cerrarán muy pronto sus posiciones asumiendo cortos beneficios; y ese cierre de posiciones de compra son órdenes de venta que tendrán que seguir absorbiendo los grandes operadores si es que quieren seguir empujando al precio. Una acción que llevan a cabo para deshacerse de este tipo de operador débil es generar un contexto de mercado plano, aburrido, con el objetivo de desanimar a estos operadores para que finalmente cierren sus posiciones.

Contrapartida, Liquidez

Tanto el hecho de alcanzar los *stops* de las posiciones de compra como la entrada en venta de algunos operadores proporciona liquidez a los profesionales que están acumulando ya que ambas acciones ejecutan ventas a mercado, y estas ventas son la contrapartida que necesitan los grandes operadores para casar sus compras.

Además de esto, cuando se produzca la reversión alcista de nuevo hacia el interior del rango, se ejecutarán también los *stops* de aquellos que entraron con posiciones vendedoras durante la rotura bajista, añadiendo fortaleza al movimiento alcista.

El Camino de la Menor Resistencia

Los profesionales que tienen intereses más arriba no iniciarán el movimiento hasta haber verificado que el camino de la menor resistencia está al alza. Esto lo consiguen realizando diversos test para comprobar el nivel de compromiso de los vendedores.

Al igual que con el *Spring*, iniciarán movimientos a la baja para verificar el seguimiento que tiene. Una ausencia de volumen en este punto sugeriría una falta de interés por alcanzar precios más bajos y el mercado está preparado para comenzar a subir.

Es por esto que en ocasiones se ven más de una sacudida dentro del rango, se tratan de tests que desarrollan los profesionales para asegurarse que no encontrarán resistencia a precios superiores.

Características Comunes de los Rangos de Acumulación

Las siguientes son características clave de los rangos de acumulación:

- **Disminución del volumen y de la volatilidad según se desarrolla el rango**. Cada vez habrá menos disponibilidad para la venta y por tanto, las fluctuaciones del precio y el volumen se irán reduciendo paulatinamente.

- **Tests a la zona alta del rango sin volumen**, sugiriendo una ausencia de interés vendedor; excepto cuando el precio esté preparado para iniciar el movimiento fuera del rango.

- **Sacudidas bajistas** (*Springs*) a mínimos previos; ya sea sobre el área de soporte o sobre mínimos menores dentro del rango.

- **Movimientos y barras alcistas más amplias y fluidas que las bajistas**. Esto denota una entrada de demanda de buena calidad y sugiere que la oferta es de pobre calidad.

- **Desarrollo de máximos y mínimos crecientes**. Esta secuencia ya debería observarse en la última etapa del rango, justo antes de iniciar la ruptura alcista. Denota un control total por parte de los compradores.

Inicio del Movimiento Alcista

Cuando ya no hay más interés por seguir vendiendo tiene lugar un punto de inflexión. El control del valor lo tienen las manos fuertes y éstos únicamente se desharán de sus posiciones a precios mucho más altos. Un ligero aumento de la demanda ahora provocaría un brusco movimiento al alza de los precios dando inicio a la tendencia alcista.

REACUMULACIÓN

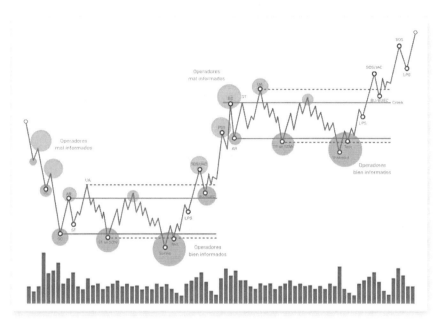

El proceso de reacumulación es exactamente idéntico al proceso de acumulación. La única diferencia entre ambos es la forma en la que empieza a desarrollarse la estructura. Mientras que el rango de acumulación comienza deteniendo un movimiento bajista, el rango de reacumulación comienza tras la parada de un movimiento alcista.

Absorción del *Stock*

Una reacumulación es el resultado de una tendencia alcista previa que necesita ser consolidada. Las manos que controlan el valor cambiarán durante el curso de la tendencia. Al inicio de una tendencia alcista, el valor se encuentra bajo el control de dueños muy fuertes (Operadores profesionales, manos fuertes); pero según se desarrolla, el control irá cambiando paulatinamente hacia operadores peor informados, manos débiles.

En este punto, se dice que la demanda es de pobre calidad y el mercado necesita volver a iniciar un proceso de absorción en el que de nuevo sean los operadores bien informados quienes se hagan con el control.

Duración de la Estructura

Un punto clave a tener en cuenta es que la duración de esta estructura estará influenciada por el porcentaje de operadores bien y mal informados que tengan el control del valor.

Como el control irá cambiando paulatinamente, si al iniciarse la reacumulación el valor aún se encuentra principalmente en manos fuertes, la duración de la estructura será más corta. Este es el contexto de los movimientos correctivos a favor de tendencia, los cuáles suelen ser consolidaciones de corta duración.

Si por el contrario en ese punto el mercado ha sido transferido por algún motivo en gran parte a las manos débiles, se hará necesario un período de tiempo más largo en el que poder volver a desarrollar el proceso de compra.

La causa de la acumulación principal probablemente no haya tenido todo el efecto esperado y esta estructura se desarrolla para añadir nueva demanda al mercado con la que poder continuar el movimiento al alza hacia dichos objetivos.

Reacumulación o Distribución

Es muy importante un análisis juicioso de la acción del precio y el volumen para no cometer el error de confundir un rango de reacumulación con uno de distribución. Ambos se inician de igual manera, tras la parada de un movimiento alcista. Se hace necesario automatizar las características de los rangos de acumulación, ya que este es una de las situaciones más comprometedoras a las que se encuentra cualquier operador Wyckoff.

Más adelante trataremos esta cuestión en particular ya que es fuente de dudas recurrentes. Para intentar resolver este problema se presentarán los puntos más importantes a tener en cuenta a la hora de evaluar el sentimiento del mercado durante el desarrollo de las estructuras.

Distribución

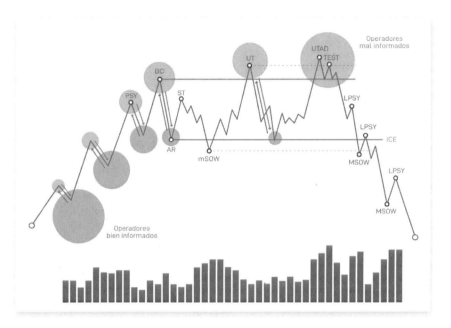

Un rango de distribución es un movimiento lateral del precio el cual consigue detener un movimiento alcista y en el que se produce un proceso de venta por parte de los profesionales bien informados, los cuales tienen interés por ver una caída en el precio. Éstos tratan de almacenar una gran posición para deshacerse de ella a precios más bajos y obtener una rentabilidad de la diferencia.

La Ley de Causa y Efecto

En el caso del rango de distribución, el posicionamiento en venta (causa) tendrá como efecto un movimiento tendencial bajista posterior; y el alcance de este movimiento estará en proporción directa al tiempo que haya pasado el precio construyendo esa causa (absorbiendo las compras).

La preparación de un importante movimiento lleva un tiempo considerable. Un gran operador no puede construir su posición entera de una vez ya que de ejecutar sus órdenes de venta con una orden que contenga toda la cantidad que desea, la propia agresividad de la orden desplazaría el precio a la baja hasta encontrar a la demanda necesaria con la que casar sus órdenes de venta y esto ocasionaría la obtención de unos peores precios.

Para poder ejecutar esta tarea, los profesionales necesitan desarrollar y llevar a cabo un plan cuidadoso con el que intentar absorber toda la demanda disponible en el mercado al precio medio más alto posible.

Maniobras de Manipulación

Durante este proceso de distribución, los grandes operadores, apoyados por los medios de comunicación (en muchas ocasiones a su servicio) generan un entorno de extrema fortaleza. Lo que buscan con esto es atraer a cuantos más traders mejor ya que serán las compras de estos operadores los que den la contrapartida necesaria para casar sus órdenes de venta.

Los operadores mal informados no saben que los que están bien informados están construyendo una gran posición de venta porque tienen intereses más abajo. Estarán entrando en el lado equivocado del mercado. Mediante diversas maniobras, logran hacerse poco a poco con toda la demanda disponible.

En el rango de distribución, al igual que en el de acumulación, se nos presentará el evento fundamental de la sacudida. Si bien es cierto que no en todas las estructuras se verá esta acción antes de iniciar el movimiento tendencial, el hecho de su presencia añade gran fortaleza al escenario.

Para el caso de sacudida alcista, la metodología Wyckoff lo denomina *"Upthrust"*. Se trata de un movimiento brusco al alza el cual rompe el nivel de resistencia del rango y con el que los grandes operadores se sirven para llevar a cabo una triple función: Alcanzar los *stops* de pérdida de aquellos operadores que estaban bien posicionados en el lado corto; inducir en compra a los operadores mal informados que piensan en la continuación del movimiento alcista; y lucrarse con dicho movimiento.

Al mismo tiempo, necesitan sacar del mercado a los operadores conocidos como manos débiles. Estos son operadores que de estar posicionados en venta cerrarán muy pronto sus posiciones asumiendo cortos beneficios; y ese cierre de posiciones de venta son órdenes de compra que tendrán que seguir absorbiendo los grandes operadores si es que quieren seguir empujando al precio. Una acción que llevan a cabo para deshacerse de este tipo de operador débil es generar un contexto de mercado plano, aburrido, con el objetivo de desanimar a estos operadores para que finalmente cierren sus posiciones.

Contrapartida, Liquidez

Los profesionales que están construyendo su posición se ven en la obligación de llevar a cabo este tipo de maniobras. Debido a la magnitud de sus posiciones, es la única manera que tienen de poder operar en los mercados. Necesitan liquidez con la que casar sus órdenes y el evento de la sacudida es una gran oportunidad para conseguirla.

El salto de *stops* de las posiciones de venta, así como los operadores que entran largos, son órdenes de compra que necesariamente se deben cruzar con una orden de venta. Y efectivamente, son los operadores bien informados los que están colocando esas órdenes de venta y absorbiendo por tanto todas las compras que se ejecutan.

Además, cuando se produzca la reversión bajista tras la sacudida, se ejecutarán también los *stops* de aquellos que compraron, añadiendo fortaleza al movimiento bajista.

El Camino de la Menor Resistencia

Una vez que el desarrollo del rango va llegando a su fin, los grandes profesionales no iniciarán el movimiento tendencial bajista hasta que puedan verificar que efectivamente el camino de la menor resistencia se encuentra a la baja.

Esto lo hacen a través de test con los que evalúan el interés comprador. Inician movimientos al alza y dependiendo de la participación que secunde (esto se observará mediante el volumen operado en ese movimiento) valorarán si queda demanda disponible o si por el contrario los compradores están agotados. Una ausencia de volumen en este punto sugeriría una falta de interés por alcanzar precios más altos.

Es por esto que en ocasiones se ven más de una sacudida dentro del rango; se tratan de tests que desarrollan los profesionales para asegurarse que no encontrarán resistencia a precios inferiores.

Características Comunes de los Rangos de Distribución

Las siguientes son características clave de los rangos de distribución:

- **Volumen y volatilidad altos durante el desarrollo del rango**. Se observarán amplias fluctuaciones del precio y el volumen se mantendrá relativamente alto y constante.

- **Tests a la zona baja del rango sin volumen**, sugiriendo una ausencia de interés comprador; excepto cuando el precio esté preparado para iniciar el movimiento fuera del rango.

- **Sacudidas alcistas** (*Upthrust*) a máximos previos; ya sea sobre el área de resistencia o sobre máximos menores dentro del rango.

- **Movimientos y barras bajistas más amplias y fluidas que las alcistas**. Esto denota entrada de oferta de calidad y sugiere que la demanda es de pobre calidad.

- **Desarrollo de máximos y mínimos decrecientes**. Esta secuencia ya debería observarse en la última etapa del rango, justo antes de iniciar el salto bajista. Lo que nos sugiere es que los bajistas están siendo más agresivos.

Inicio del Movimiento Bajista

Cuando ya no hay más demanda disponible, tiene lugar un punto de inflexión. El control del valor lo tienen las manos fuertes y éstos únicamente se desharán de sus posiciones a precios mucho más bajos. Un ligero aumento de la oferta ahora provocaría un brusco movimiento a la baja de los precios dando inicio a la tendencia bajista.

REDISTRIBUCIÓN

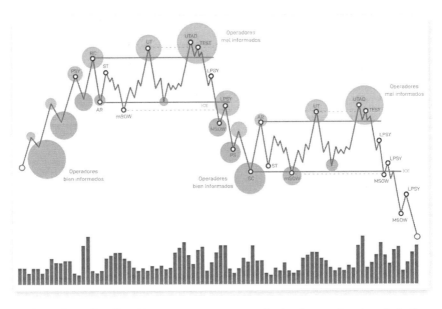

La fase de redistribución es un rango procedente de una tendencia bajista y al que le sigue una nueva tendencia bajista. Dentro de un gran mercado bajista pueden suceder múltiples fases de redistribución. Se trata de una pausa que refresca el valor para desarrollar otro movimiento a la baja.

Redistribución o Acumulación

Este tipo de estructura comienza igual que los rangos de acumulación, por lo que es necesario un análisis muy juicioso para no llevar a conclusiones erróneas. Este aspecto sin duda es una de las tareas más difíciles para el operador Wyckoff: saber distinguir entre un rango de redistribución y uno de acumulación.

Control del Mercado

Durante los períodos de redistribución, los grandes profesionales que ya están posicionados en corto vuelve a vender alrededor del techo del rango y potencialmente cubrir (cerrar/comprar) algunas de sus posiciones cerca de la base del rango.

En general, están aumentando el tamaño de su posición durante el desarrollo del rango. La razón por la que cierran algunas de sus posiciones de venta en la base del rango es para proveer apoyo al precio y no empujarlo prematuramente hacia abajo antes de poder construir de nuevo una significante posición en corto.

La redistribución permanece volátil durante y al final de su desarrollo antes de continuar la tendencia bajista.

Las manos que controlan el valor cambiarán durante el curso de la tendencia. Al inicio de una tendencia bajista, el valor se encuentra bajo el control de dueños muy fuertes (Operadores profesionales, manos fuertes); pero según se desarrolla, el *stock* irá cambiando paulatinamente hacia operadores peor informados, manos débiles. En este punto, se dice que la oferta es de pobre calidad y el mercado necesita volver a iniciar un proceso de absorción de *stock* en el que de nuevo sean los grandes operadores quienes se hagan con el control.

Duración de la Estructura

El porcentaje de manos fuertes y manos débiles que tengan el control del valor influirá en la duración de la estructura. Si al iniciarse la redistribución el valor aún se encuentra principalmente en manos fuertes, la duración de la estructura será más corta. Si por el contrario son las manos débiles las que controlan la mayor parte del *stock*, se hará necesario un mayor período de tiempo en el que poder volver a desarrollar el proceso de venta.

La distribución principal posiblemente no habrá alcanzado todo el potencial efecto y esta estructura se desarrolla para añadir nuevas posiciones vendedoras al mercado con las que poder continuar el movimiento a la baja.

PARTE 4 - LOS EVENTOS

La metodología Wyckoff trata de identificar unos patrones lógicos de giro del precio durante los cuales se define el control del mercado.

En esta sección presentaremos la secuencia que sigue el precio en el desarrollo de estas estructuras. Lo más recomendable es observar tales eventos desde un punto de vista práctico, restando rigidez y proporcionando la mayor flexibilidad posible al análisis.

Los eventos son los mismos tanto para acumulaciones como para distribuciones. Lo único que cambia en algunos casos es el nombre, pero la lógica subyacente detrás de ellos es la misma. Dividiremos las secciones por eventos y dentro de ellas explicaremos tanto el ejemplo de los esquemas acumulativos como distributivos.

El Listado de Eventos

Aunque posteriormente se desarrollarán más en profundidad, hacemos un breve resumen de la lógica de cada uno de los eventos que aparecerán:

Evento n°1: Parada Preliminar

La parada preliminar es el primer intento por frenar el movimiento tendencial en marcha cuyo resultado siempre fracasará. Es una alerta temprana de que la tendencia puede que esté llegando a su fin.

Evento n°2: Clímax

Se trata del movimiento de culminación de la tendencia precedente. Tras haber recorrido una gran distancia, el precio alcanzará una condición extrema que provocará la aparición del gran profesional.

Evento n°3: Reacción

Es la primera gran señal que nos sugiere el cambio de sentimiento en el mercado. Pasamos de un mercado en control por alguna de las dos fuerzas a un mercado en equilibrio.

Evento n°4: Test

Este evento tiene diversas lecturas dependiendo de la ubicación donde se desarrolle. En términos generales trata de evaluar el compromiso o ausencia de él por parte de los operadores en un determinado momento y dirección.

Evento n°5: Sacudida

Momento clave para el análisis de la estructura. Es el último engaño desarrollado por el profesional antes de iniciar el movimiento tendencial a favor de la menor resistencia.

Evento n°6: Rotura

Es la mayor prueba de compromiso que tiene que asumir el profesional. Si ha hecho un buen trabajo previo de absorción, romperá con relativa facilidad la estructura con el objetivo de continuar el movimiento fuera de ella.

Evento n°7: Confirmación

Si el análisis es correcto, se desarrollará un test de la rotura, el cuál confirmará que el profesional está posicionado en esa dirección y que apoya el movimiento.

Evento N°1: Parada Preliminar

Se trata del primer evento del método Wyckoff que aparece para dar inicio a la Fase A de parada de la tendencia previa, para los esquemas acumulativos se denomina *Preliminary Support* (PS) y para los esquemas distributivos *Preliminary Supply* (PSY).

Antes de producirse este evento, el mercado se encontrará en una clara tendencia. En algún momento el precio alcanzará un nivel lo suficientemente atractivo para los grandes operadores que hará que éstos comiencen a participar de forma más agresiva en la dirección opuesta.

Cómo aparece la parada preliminar sobre el gráfico

Generalmente se suele malinterpretar la observación de este evento sobre el gráfico ya que no necesariamente debe observarse una barra con aumento de volumen y expansión en los rangos.

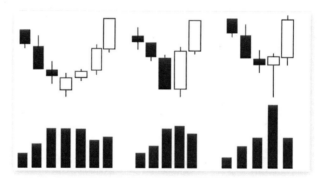

También puede verse sobre un conjunto de barras con un rango relativamente más estrecho y con un volumen alto y constante durante todas ellas; o incluso sobre una única barra con volumen alto y con una gran mecha. Estas representaciones al final denotan lo mismo: la primera entrada relevante de los grandes operadores.

Recuerda una de las citas más importantes del libro de Tom Williams "*Master the Markets*" en el que dice algo así como que al mercado no le gustan las grandes barras tendenciales con aumento significativo del volumen tras un movimiento prolongado ya que generalmente denotan un sentimiento contrario.

Observar una gran barra bajista con un pico de volumen y cierre en mínimos tras un prolongado movimiento a la baja, es un indicio muy claro de compra profesional

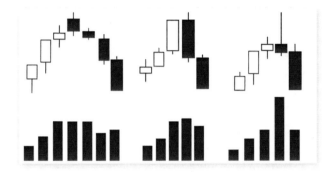

Es probable que esta acción alcance una condición de sobreventa en relación al canal bajista que esté respetando la acción del precio durante el movimiento bajista.

La psicología detrás de la parada preliminar

Vamos ahora a estudiar el cruce de órdenes que se produce durante tal acción. Recordad que, para que alguien compre, debe haber alguien que venda.

Pregúntate qué estará haciendo en ese punto tanto el operador mal informado o "mano débil" como el operador bien informado o "mano fuerte".

Como hemos comentado, tras determinar que el mercado ha alcanzado un precio de valor sobre el que iniciar una campaña, el que estará absorbiendo todas las órdenes disponible será el operador bien informado; y son los operadores mal informados los que les están proporcionando toda la liquidez que necesitan para construir sus posiciones.

Encontramos diferentes perfiles de operadores mal informados que facilitan este hecho:

- **Los codiciosos**. Habrá un grupo que ven moverse abruptamente al precio y entran al mercado para evitar quedarse fuera de un potencial movimiento a su favor

- **Los temerosos**. Este grupo lleva aguantando posiciones perdedoras durante un gran período de tiempo y su límite está muy cerca. Tras ver moverse al precio de nuevo en su contra y por miedo a aumentar aún más la pérdida, finalmente deciden abandonar su posición.

- **Los listos**. Habrán sido capaces de anticipar el giro y ya se encontrarán dentro del mercado; pero su *timing* no ha sido preciso y este movimiento los saca haciendo saltar sus *stops* de protección.

Usos de la parada preliminar

Pero entonces, ¿Para qué nos sirve identificar este primer evento de parada? Como ya hemos comentado, se trata de la primera acción de parada del movimiento tendencial previo y por tanto podemos sacar dos conclusiones claras:

- Dejar de pensar en seguir operando a favor de la tendencia previa al menos inicialmente, ya que la estructura aún debe confirmarse como de continuación o de giro.

- Se trata de un punto excelente para tomar beneficios.

Preliminary Support

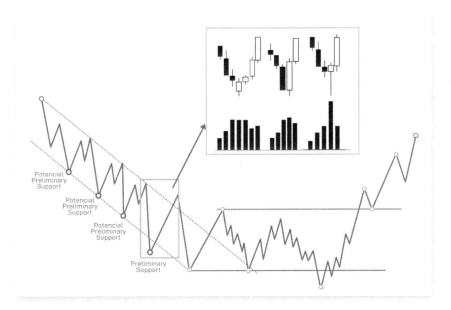

Para el caso de los esquemas de acumulación se denomina *Preliminary Support* (PS), que junto con el *Selling Climax* (SC), el *Automatic Rally* (AR) y el *Secondary Test* (ST) produce el cambio de carácter con el que hace evolucionar al precio desde un entorno tendencial bajista a un entorno de lateralización.

Como sabemos que una tendencia bajista no se detiene de una vez, es posible encontrarnos con numerosos intentos para detener la caída antes de que tenga lugar el que será exitoso. Es la inercia de la tendencia. Es como un vehículo en movimiento; una vez alcanzada la velocidad de crucero, aun soltando el pie del acelerador el coche continuará en la dirección durante un tiempo por la propia inercia.

Todos esos intentos de parada son *Preliminary Support*. Cuantos más haya, más probable será que finalmente se produzca el último extremo de la tendencia bajista sin un significante aumento en el volumen.

El hecho de ver repetidos *Preliminary Support* nos sugiere que el profesional ha ido eliminando oferta del mercado y al llegar al último mínimo serán pocos los que estén dispuestos a vender, lo que hará que se produzca ese último extremo sin un pico en el volumen. Igualmente se tratará de un *Selling Climax*, en este caso sin un volumen ultra alto: parada del movimiento por agotamiento. Ya lo comentaremos cuando desarrollemos este evento climático.

En realidad, se tratan de *Preliminary Support* desde un punto de vista funcional; porque para la metodología Wyckoff, el *Preliminary Support* como tal será el penúltimo intento de parada de la tendencia bajista (el último será el *Selling Climax*). Por tanto, lo más acertado sería etiquetarlos como potenciales *Preliminary Support*.

Este potencial *Preliminary Support* se confirmará como el genuino *Preliminary Support* cuando el precio desarrolle los cuatro eventos de la Fase A que establecen el cambio de carácter.

Esta primera participación del profesional no implica que el precio deba girarse de inmediato. Como ya hemos comentado; en ciertas condiciones del mercado el precio podría desarrollará algún esquema rápido. Aunque este tipo de comportamientos no sean los más probables, hay que estar alerta de su posible desarrollo.

Preliminary Supply

En el ejemplo de las estructuras de distribución se denomina *Preliminary Supply* (PSY), que en unión con el *Buying Climax* (BC), el *Automatic Reaction* (AR) y el *Secondary Test* (ST), pone fin a la Fase A, de parada de la tendencia alcista previo y da inicio a la Fase B, de construcción de la causa.

Antes de que se produzca el auténtico *Preliminary Supply*, lo más lógico sería encontrarnos con numerosos intentos previos. Estos intentos deberían etiquetarse como potenciales *Preliminary Supply*.

El hecho de ver repetidos *Preliminary Supply* nos sugiere que el profesional ha ido eliminando demanda del mercado y al llegar al último máximo, serán pocos los que estén dispuestos a comprar; y esto podría hacer que se produzca ese último extremo sin un volumen significativo.

EVENTO N°2: CLÍMAX

Es el segundo evento de la metodología y aparece tras el intento de parada en el *Preliminary Support/Supply*.

En los ejemplos acumulativos lo denominaremos *Selling Climax* (SC) mientras que para las estructuras distributivas lo etiquetaremos como *Buying Climax* (BC).

Después de la aparición de un gran volumen tras una prolongada tendencia (potencial parada), estaremos atentos a la posible identificación de este evento climático. Como siempre decimos, este es uno de los mayores beneficios de la metodología Wyckoff: nos provee de un contexto de mercado. Sabemos qué buscar.

Pero algo importante a tener en cuenta es que los eventos de parada preliminar (*Preliminary Support/Supply*) no siempre aparecen dentro de la secuencia y su función la puede realizar al mismo tiempo el evento de clímax. Por eso insistimos una y otra vez en la importancia de darle cierta flexibilidad al mercado. Tenemos un contexto y una secuencia básica pero se hace necesario dejar que el mercado se exprese libremente, sin intentar encasillarlo obligatoriamente dentro de nuestro mapa. Querer ejercer cierto control sobre el mercado sería un error.

La clave para determinar si directamente estamos ante el clímax la obtendremos del precio: será necesario ver una fuerte reacción (Evento n°3) y un test (Evento n°4) que den por finalizada la Fase A de parada de la tendencia.

Claves del clímax

Después del evento climático pueden pasar dos cosas; una reacción (*Automatic Rally/Reaction*) o un movimiento lateral. Si aparece una reacción, a ésta le seguirá un *Secondary Test*; por el contrario, si tiene lugar un movimiento lateral, lo más probable es que el mercado continúe en la dirección de la tendencia previa.

Un aspecto muy relevante es que este evento necesita ser testeado para verificar su autenticidad (con el *Secondary Test*). Un volumen mucho más bajo en un test posterior muestra una disminución de la presión vendedora.

Este evento se conoce como "*No Supply*" y "*No Demand*" dentro del enfoque del VSA (*Volume Spread Analysis*).

Algo muy importante a destacar es que no necesariamente el clímax será el mayor extremo de la estructura. Durante el desarrollo de la misma podríamos observar diversos test (intentos fracasados de hacer mínimos más bajos o máximos más altos) durante la Fase B así como el evento de test en Fase C (*Spring/UTAD*) que normalmente sacude el extremo de ésta.

Cómo aparece el climax sobre el gráfico

Aunque el principio no cambia; puede manifestarse de diferentes maneras en términos de representación del precio y el volumen.

Predomina la creencia dentro del mundo del análisis del precio y el volumen de que este evento debe observarse como una barra con aumento de volumen y expansión en los rangos. Aun siendo correcta esta definición, estaría incompleta ya que existen otras formas de representación.

Por un lado, puede verse sobre un conjunto de barras con un rango relativamente más estrecho y con un volumen alto y constante durante todas ellas. Otra manera sería sobre una única barra con volumen alto y con una gran mecha en su parte inferior.

Todas estas representaciones al final denotan lo mismo: que los grandes operadores han estado extremadamente activos.

Independientemente de las características del evento climático, cuando observamos el *Automatic Rally/Reaction* y *Secondary Test* genuinos, automáticamente etiquetaremos como *Climax* el movimiento previo.

La psicología detrás del climax

Si recordamos, debido a la propia naturaleza de los mercados; para que alguien pueda vender, debe haber dispuesto algún otro a comprar. Entonces, es buena idea ahora preguntarnos por ejemplo quién estará asumiendo toda la venta que se produce en el *Selling Climax* o la compra del *Buying Climax*.

La lógica nos lleva a pensar en que quién está proporcionando la contrapartida es el gran operador ya que es éste el que tiene la capacidad para ello. Es este gran operador el que está absorbiendo todas esas órdenes consiguiendo detener la abrupta caída o subida del precio.

Seguramente ha determinado que el precio se encuentra en una condición sobre extendida y ve con buenos ojos iniciar en dicha zona una campaña para absorber y posicionarse.

¿Cuáles son los motivos que le llevan al operador mal informado a proporcionar la liquidez que necesitan los grandes operadores? Recordamos el origen de esos proveedores de liquidez ya visto en el evento de parada preliminar:

• **Los codiciosos**. Habrá un grupo que ven el movimiento climático y entran al mercado por miedo a perderlo.

• **Los temerosos**. Otro grupo, generalmente con posiciones de medio-largo plazo, habrán aguantado gran parte del movimiento tendencial previo. Se encuentran en pérdidas y al ver un nuevo movimiento en su contra deciden cerrar sus posiciones para evitar mayores pérdidas.

• **Los listos**. Un último grupo de operadores, creyéndose los más listos de la clase querrán anticipar el giro y en ese punto probablemente ya se encontrarán con posiciones abiertas. Este tercer tipo de contrapartida se produce al saltar el *stop* de protección de dichas posiciones.

Usos del Climax

La identificación de este evento es muy importante ya que nos señala la entrada de los profesionales y por tanto se trata de una acción respaldada y de calidad.

¿Qué ventaja podemos obtener al identificar correctamente este evento? Al tratarse de una acción de parada del movimiento tendencial previo y señalarnos la participación profesional podemos sacar dos conclusiones claras:

• Debemos dejar de pensar en seguir operando a favor de la tendencia previa. Al menos hasta confirmar si la estructura se trata de giro o de continuidad.

• Estamos ante la última oportunidad clara de tomar beneficios de nuestras posiciones abiertas si no lo hicimos sobre el evento de parada.

No se recomienda iniciar posiciones en este punto ya que el riesgo asumido sería demasiado alto. Sin embargo, es cierto que algunos de los operadores Wyckoff más experimentados aprovechan este tipo de contexto para tomar operaciones de corto recorrido buscando el rebote hacia el evento nº3 (*Automatic Rally/Reaction*).

Selling Climax

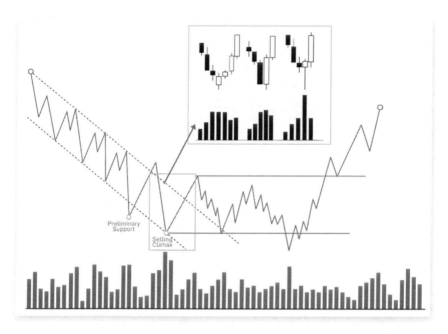

Este evento del *Selling Climax* es en el fondo similar al evento del *Preliminary Support*. Tanto la forma en que puede aparecer sobre el gráfico como la psicología detrás de la acción es exactamente igual. También inicialmente debemos tratarlo como *Selling Climax* potencial ya que la confirmación nos llegará al aparecer los dos eventos posteriores que confirman el final de la Fase A (*Automatic Rally* y *Secondary Test*).

El *Selling Climax* es una señal muy poderosa de fortaleza. Después de un período de precios a la baja, alcanzará un punto en el que, apoyado por noticias muy negativas, el mercado se desplomará rápidamente. En ese punto, los precios ahora son atractivos para el dinero inteligente y comenzarán a comprar o acumular en esos bajos niveles.

El *Selling Climax* ocurre después de un significativo movimiento bajista. Se trata del segundo evento que aparece tras el *Preliminary Support* y tiene lugar dentro de la Fase A de parada de la tendencia bajista previa.

Este movimiento climático es generado por tres motivos que detallamos previamente y que en conjunto provocan un efecto bola de nieve por el que el precio no deja de caer.

Dentro de la metodología Wyckoff tiene especial relevancia ya que con su aparición podemos comenzar a definir los límites del rango; y es que su mínimo establece el extremo más bajo de la estructura (zona de soporte).

Selling Exhaustion

Una tendencia bajista no siempre finalizará con un volumen climático. Existe otra manera de llegar a su fin y se produce cuando la venta que está controlando la condición del mercado va desapareciendo poco a poco.

Los vendedores dejan de estar interesados en precios más bajos y cierran sus posiciones (toman beneficios). Esta falta de agresividad de los cortos crearía un potencial suelo de mercado por agotamiento.

Obviamente, este desinterés será representado sobre el gráfico con velas de rango normal o estrecho y volumen promedio o incluso bajo.

Lo curioso de esta acción es que, aunque no estemos ante un evento climático que antecede al final de una tendencia, muchos operadores Wyckoff siguen etiquetándolo como *Selling Climax*, lo cual no tiene mucho sentido.

Aunque siempre recomiendo tratar las acciones del mercado desde un punto de vista funcional, en esta ocasión debemos observar este agotamiento desde un punto de vista analítico con el fin de encuadrarlo dentro de las etiquetaciones de la estructura.

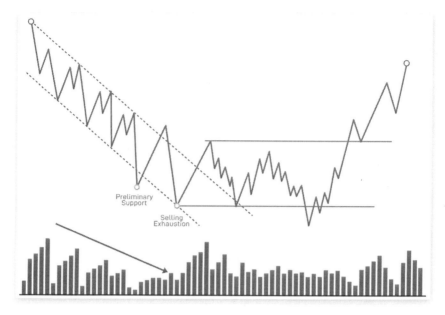

Para ello, propongo a toda la comunidad *Wyckoffiana* un nuevo evento que identificase este final de tendencia bajista por agotamiento. Algo como "*Selling Exhaustion*" (Agotamiento de la venta) podría ser representativo de la acción a la que hace referencia.

A destacar del *Selling Exhaustion* es que una señal de su posible aparición la obtenemos cuando el precio desarrolla continuas acciones de *Preliminary Support*. Se observarán acciones climáticas según se desarrolla el movimiento bajista donde muy probablemente el volumen general vaya en disminución. Esto nos sugiere que se está produciendo una absorción de las ventas donde los profesionales han dejado de vender agresivamente y comienzan a aprovechar la continuación bajista para tomar beneficios de sus cortos.

Esto puede provocar que se desarrolle ese suelo de mercado sin ver sobre el último mínimo una expansión en los rangos del precio y en el volumen. Estaremos ante el nuevo *Selling Exhaustion*.

Buying Climax

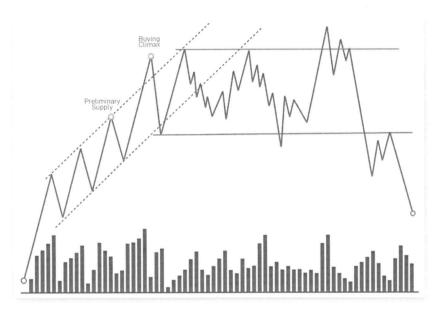

El *Buying Climax* es una potente señal de debilidad del mercado. Después de una tendencia alcista, el precio provocará una rápida subida guiado por noticias favorables y una irracionalidad compradora por parte de los participantes mal informados.

En este punto el mercado habrá alcanzado un nivel poco interesante para permanecer dentro, y los operadores bien informados abandonarán sus posiciones compradoras e incluso comenzarán a posicionarse en corto esperando precios más bajos.

El *Buying Climax* es el segundo evento que aparece tras el *Preliminary Supply* y tiene lugar dentro de la Fase A de parada de la tendencia alcista previa.

Este movimiento climático lo originan los operadores profesionales capaces de iniciar un desplazamiento en el precio; y es seguido por los operadores mal informados que tomas sus decisiones operativas generalmente en base a sus emociones.

Se trata de una trampa. Un engaño donde parece que se esté comprando con cierta agresividad cuando en realidad la intención que hay detrás es totalmente la opuesta. Todas las compras están siendo bloqueadas con órdenes de venta. El precio no puede subir porque alguien con la capacidad para hacerlo está desarrollando un proceso de absorbiendo.

Con la aparición del *Buying Climax* comenzamos a definir los límites del rango; y es que su máximo establece el extremo superior de la estructura (zona de resistencia).

Las similitudes entre el *Preliminary Supply* y el *Buying Climax* son totales. Tanto la forma en que puede aparecer sobre el gráfico como la psicología detrás de la acción es exactamente la misma. La única diferencia entre ambos eventos es que el *Preliminary Supply* no logra detener la tendencia alcista previa, mientras que el *Buying Climax* sí (al menos temporalmente).

Inicialmente debemos tratar el *Buying Climax* como potencial, ya que la confirmación nos llegará al aparecer los dos eventos posteriores que confirman el final de la Fase A (*Automatic Reaction* y *Secondary Test*).

Buying Exhaustion

Una tendencia alcista no siempre finalizará con un volumen climático. Existe otra manera de llegar a su fin y se produce cuando la compra que está controlando la condición del mercado va desapareciendo poco a poco.

Los compradores dejan de estar interesados en precios más altos y cierran sus posiciones (toman beneficios). Esta falta de agresividad de los largos crearía un potencial techo de mercado por agotamiento.

Obviamente, este desinterés será representado sobre el gráfico con velas de rango normal o estrecho y volumen promedio o incluso bajo.

Aunque esta acción no tiene las características comunes de los eventos climáticos, dentro de la metodología se sigue etiquetando de igual manera. Es por ello que sería interesante diferenciar entre una parada por clímax y otra por agotamiento.

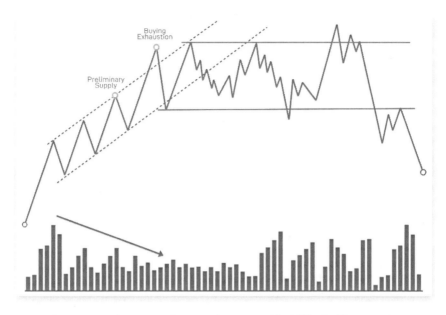

La propuesta que se lanza a la comunidad *Wyckoffiana* es la creación de un nuevo evento que sirva para identificar este final de la tendencia alcista por agotamiento. En este caso, "*Buying Exhaustion*" nos parece la etiqueta más idónea.

Una señal de que posiblemente vayamos a identificar un *Buying Exhaustion* es la aparición de continuas acciones de *Preliminary Supply* cada vez más altas.

Se observarán potenciales *Preliminary Supply* donde probablemente el volumen general vaya en disminución. Esto nos sugiere que se está produciendo una absorción paulatina de las compras donde los profesionales han dejado de comprar agresivamente y comienzan a aprovechar la continuación alcista para tomar beneficios de sus largos.

Esto puede provocar que se desarrolle ese techo de mercado sin ver sobre el último máximo una expansión en los rangos del precio y en el volumen. Estaremos ante el nuevo *Buying Exhaustion*.

Evento nº3: Reacción

Tras la aparición del potencial clímax se producirá una reacción que dejará visualmente un gran movimiento en la dirección opuesta, confirmando finalmente la aparición del evento climático.

Para el caso de los esquemas acumulativos se denomina *Automatic Rally* (AR), mientras que para las estructuras distributivas lo etiquetaremos como *Automatic Reaction* (AR).

Este ChoCh (*Change of Character*) tiene grandes implicaciones y es que nos señala un cambio en el contexto del mercado; el ChoCh aparece para poner fin a la tendencia previa y dar inicio a un entorno de lateralización en el precio.

Este cambio de comportamiento debe confirmarse con el último evento de la Fase A: el *Secondary Test*. Con su aparición ya podemos esperar que el mercado se mueva en un nuevo entorno a partir de ese momento.

Las implicaciones de su desarrollo

La distancia que recorra dicho movimiento será uno de los elementos que tendremos en cuenta posteriormente según se desarrolla la estructura con el fin de intentar determinar qué está haciendo el gran profesional.

Debemos tener en cuenta que no tiene las mismas implicaciones una reacción de corta distancia que una significativamente (en términos comparativos) mayor. Por ejemplo, en un mercado en el que los últimos movimientos alcistas se han desarrollado con una media de 50 puntos; y de repente se observa un *Automatic Rally* de 100 puntos, nos sugiere una mayor fortaleza de fondo.

Cuando vemos un movimiento de potencial reacción que es entrelazado, no recorre una gran distancia y sin la aparición de un alto volumen, denota que no hay una gran intencionalidad por empujar los precios hacia ese lado y nos sugiere que el mercado aún no se encuentra en un estado de equilibrio. Si esto sucede tras un potencial *Selling Climax*, nos denota que no hay mucho interés por subir en ese momento y que el control del mercado puede que aún siga en manos de los operadores bajistas. Con esta debilidad aparente lo más sensato será pensar en un proceso de redistribución que originen precios más bajos, algo que añadiría fortaleza a este escenario sería ver un *Secondary Test* que finaliza por debajo del potencial *Selling Climax*.

Lo mismo ocurre para análisis que denoten una mayor probabilidad de distribución. Si vemos que el movimiento de reacción bajista (*Automatic Reaction*) es entrelazado, que no recorre una gran distancia, que no hemos visto un pico de volumen y que además el *Secondary Test* finaliza por encima del máximo que establece el *Buying Climax*, sospecha ya que puede que lo que esté sucediendo sea una estructura de reacumulación.

La anatomía de la reacción

Generalmente, el volumen al inicio del movimiento será grande, estamos ante el final del evento climático y lo normal es que este giro del precio se realice con un volumen climático (a excepción de la aparición del *Selling/Buying Exhaustion*). Según avanza el movimiento, el volumen irá en disminución hasta que al final sea relativamente bajo. Este secado del volumen nos sugiere falta de interés en seguir en esa dirección y pondrá fin a la reacción.

Con los rangos del precio sucede prácticamente lo mismo. Al comienzo del movimiento observaremos unos rangos amplios, buenas velas/barras de tendencia que irán progresivamente estrechándose según se acercan al final de dicho evento.

A través de la práctica continuada desarrollarás el juicio necesario para saber cuándo el estrechamiento de los rangos y la disminución del volumen han alcanzado un punto en el que es probable que se detenga el movimiento. No hay reglas fijas o mecánicas, es más bien un asunto de entendimiento.

Usos de la reacción

Delimita los límites de la estructura

Dentro de las estructuras de la metodología Wyckoff, es uno de los elementos importantes ya que su extremo sirve para identificar uno de los límites de la estructura.

- El *Automatic Rally* establece el límite superior del rango, delimitando una clara zona de resistencia sobre la que se espera la aparición de nueva venta en subsiguientes visitas.

- El *Automatic Reaction* establece el límite inferior del rango, delimitando una clara zona de soporte sobre la que se espera la aparición de nueva compra en subsiguientes visitas.

Identifica el evento climático

La reacción es de relevante importancia ya que en ocasiones no estará muy claro cuándo ha aparecido el genuino clímax. Por tanto, en muchas ocasiones reconocemos la acción climática después de identificar el cambio de carácter que viene tras esta reacción.

- El *Automatic Rally* identificará el genuino *Selling Climax*.

- El *Automatic Reaction* identificará el genuino *Buying Climax*.

Nos provee del contexto de mercado

Si estamos acertados en la identificación del clímax y la reacción, el cambio de carácter del mercado está en curso y sabemos que el precio irá a testear esa acción climática para desarrollar el *Secondary Test*. Ya tenemos un mapa de ruta. Esto es muy importante ya que nos ofrece un contexto acerca de qué esperar que haga el mercado y esto te servirá incluso para aprovecharte operativamente:

- Si has identificado correctamente el *Selling Climax* y ahora el *Automatic Rally*, puedes bajar de marco temporal para buscar el desarrollo de una estructura menor de distribución que genere el final de *Automatic Rally* y el giro bajista que vaya buscar el desarrollo del *Secondary Test*.

• Si has identificado el genuino *Buying Climax* y ahora el *Automatic Reaction*, puedes bajar de marco temporal para buscar el desarrollo de una estructura menor de acumulación que genere el final del *Automatic Reaction* y el giro alcista que vaya buscar el desarrollo del *Secondary Test*.

Oportunidad para tomar beneficios

Si en un ejercicio de temeridad operaste sobre el evento climático buscando precisamente ese rebote, esta posición no deberías mantenerla durante todo el desarrollo del rango, ya que en principio no podemos saber si se tratará de una estructura de giro o de continuidad. Lo más sensato sería cerrar la posición sobre el *Automatic Rally/Reaction* obteniendo un corto beneficio.

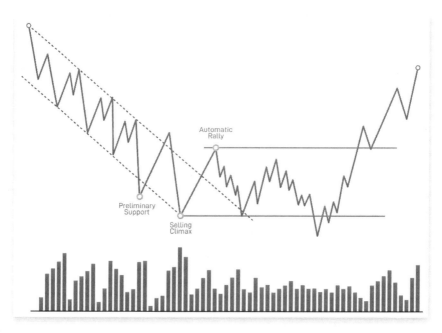

El *Automatic Rally* es un movimiento alcista del precio que se desarrolla tras producirse el final del *Selling Climax* y que aparece como primera señal del interés comprador.

Es un evento que forma parte de la Fase A de parada de la tendencia previa y tiene lugar tras el *Preliminary Support* y el *Selling Climax*.

Por qué se produce el Automatic Rally

Durante la tendencia bajista el precio se habrá desplazado a la baja una distancia considerable y posiblemente alcance una condición de sobreventa en el desarrollo del *Selling Climax* donde tenga lugar las siguientes acciones:

• **Agotamiento de la oferta**. Dejan de entrar vendedores agresivos al mercado.

• **Cobertura de cortos**. Los vendedores que habrían entrado más arriba cierran sus posiciones.

• **Aparición de la demanda**. Nuevos compradores entran al observar el evento climático.

El mercado ha alcanzado niveles nada interesantes para seguir vendiendo, lo que provocará una ausencia de oferta. La retirada de los vendedores, tanto de los que dejan de vender de forma agresiva, como de los que toman beneficios de sus cortos; junto con la aparición de nuevos compradores, que posiblemente hayan entrado con estrategias de reversión a la media, provocará un fácil empuje al alza de los precios.

Lo más normal es que los compradores que hayan entrado en el *Selling Climax* no tengan intención de mantener sus posiciones, ya que seguramente se trate de operativas de corta duración y tomen beneficios durante el *Automatic Rally*, poniendo fin a su desarrollo.

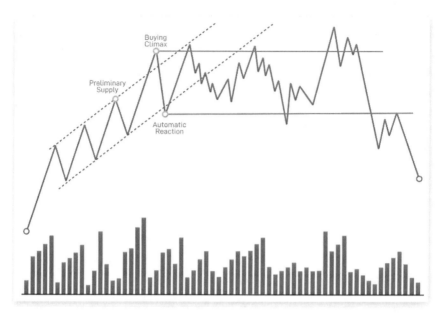

El *Automatic Reaction* es un significante movimiento bajista del precio que aparece como primera señal del interés vendedor. Forma parte de la Fase A de parada de la tendencia previa y se desarrolla tras producirse el *Preliminary Supply* y el *Buying Climax*.

Por qué se produce el Automatic Reaction

El mercado se habrá desplazado al alza lo suficiente como para producirse una serie de hechos que en conjunto dan origen al desarrollo del *Automatic Reaction*:

• **Agotamiento de la demanda**. No hay compradores agresivos dispuestos a seguir comprando.

• **Cobertura de largos**. Los compradores que habrían entrado más abajo cierran sus posiciones tomando beneficios.

• **Aparición de la oferta**. Nuevos vendedores entran al observar el evento climático previo.

La subida previa del mercado posiblemente habrá alcanzado una condición de sobrecompra provocando una ausencia en la demanda. Esta retirada de los compradores, tanto de los que dejan de comprar de forma agresiva, como de los que toman beneficios de sus largos; junto con la aparición de nuevos vendedores provocará un fácil empuje a la baja de los precios.

Los vendedores que hayan entrado en el *Buying Climax* seguramente estén especulando buscando un rápido movimiento a la baja y tomarán beneficios durante el *Automatic Reaction*, poniendo fin al desarrollo de éste.

Secondary Test

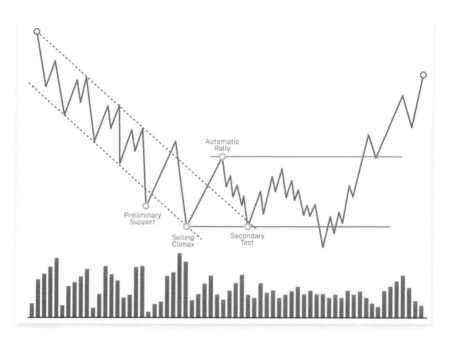

El *Secondary Test* es el cuarto evento dentro de los esquemas acumulativos y distributivos de la metodología Wyckoff. Establece el final de la Fase A, de parada de la tendencia previa, y da origen al inicio de la Fase B, de construcción de la causa.

Funciones del Secondary Test

Como con cada evento, uno de los puntos importantes de su identificación radica en que nos informa acerca del contexto del mercado; nos da un indicio de qué esperar a partir de ahora.

- Para el ejemplo de los esquemas acumulativos pasamos de encontrarnos en un contexto de tendencia bajista para migrar hacia un contexto de lateralización en el precio.

- Para los esquemas distributivos   el mercado migra desde un contexto tendencial alcista hacia uno de rango.

Esto es muy interesante ya que, como sabemos, el comportamiento del precio dentro de la Fase B será una continua fluctuación hacia arriba y hacia abajo entre los límites de la estructura.

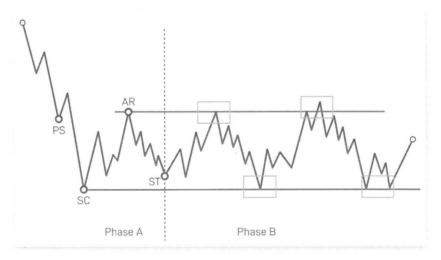

Con este contexto de fondo, el tipo de operativa que podremos desarrollar aquí es esperar al precio en dichos extremos y buscar un giro hacia el lado opuesto. O bien directamente desde el marco temporal en el que estemos trabajando con alguna configuración de velas; o bien disminuir de marco temporal para buscar ahí una estructura menor de giro (si nos encontramos en la zona superior, buscaremos una estructura menor de distribución; y si nos encontramos en la zona inferior, buscaremos una estructura menor de acumulación).

En términos funcionales lo que nos sugiere la aparición del *Secondary Test* es la confirmación del abandono por parte de los participantes que tenían hasta ese momento el control total del mercado y que se había evidenciado así por el estado tendencial; para evolucionar hacia un entorno de equilibrio en donde compradores y vendedores se encuentran cómodos negociando (construyendo la causa para el subsiguiente efecto) y provoca la continua fluctuación del rango de trading.

Características del Secondary Test

Para que el *Secondary Test* sea exitoso, el movimiento bajista debe hacerse con un estrechamiento en los rangos del precio y un volumen menor que el visto en el evento climático.

Aunque algunos autores defienden la postura de que, para los esquemas acumulativos es necesario que el *Secondary Test* se mantenga por encima del mínimo que establece el *Selling Climax*, lo cierto es que es buen momento para recordar que el mercado no es un ente rígido, sino que se encuentra en constante cambio por su propia naturaleza y que por lo tanto sería conveniente otorgar cierta flexibilidad a los movimientos del precio.

Con esto en mente, la posición donde se desarrolle el final del *Secondary Test* podría ofrecernos una lectura interesante sobre el sentimiento acerca de quién (compradores y vendedores) tiene más control del mercado en ese punto:

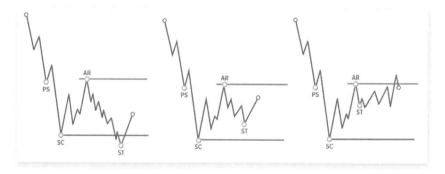

• Un *Secondary Test* que finaliza en la parte media del rango sería visto con una connotación neutral, denotando equilibrio entre los participantes.

• Un Secondary Test sobre el tercio superior del rango denotaría cierto desequilibrio a favor de los compradores.

• Un Secondary Test ligeramente por debajo del mínimo del rango nos sugiere cierto desequilibrio a favor de los vendedores.

Esta característica junto con el resto de elementos que se han ido comentando, así como los que seguirán, son indicios a tener en cuenta a la hora de evaluar si nos encontramos ante una estructura acumulativa o distributiva. Se trata de ir sumando puntos a favor de uno y otro lado, y cuantas más de estas huellas observemos a favor de una dirección, mayor fortaleza tendrá nuestro análisis. Cuantos más indicios observemos que denotan fortaleza, mayor control deberemos otorgarle a los compradores y viceversa.

Los Secondary Tests de la Fase B

Aunque el *Secondary Test* "oficial" es el que aparece en la Fase A, se trata de un tipo de comportamiento que seguiremos observando en diferentes fases del desarrollo de la estructura.

Una vez iniciada la Fase B, vamos a estar pendientes por si se desarrolla algún tipo de test sobre alguno de los dos extremos del rango.

Este tipo de test nos sirve para evaluar la fortaleza y debilidad de compradores y vendedores durante la construcción de la causa. En ocasiones incluso se producirán tests tanto al extremo superior como al inferior de la estructura.

Dependiendo del posterior efecto del rango (de si es acumulación o distribución), se diferencian las etiquetas para unas mismas acciones. Como es lógico, hasta que el precio no abandona el rango no podemos saber cuál era la intención real detrás de la causa que se estaba construyendo y por tanto, en tiempo real cualquier etiquetado presenta dudas.

Más allá de ver el mercado de manera convencional vamos a pensar también en términos funcionales y diferenciar los comportamientos del precio desde dos puntos de vista: como concepto (acción) y como evento (dependiendo de la localización).

Secondary Test sobre el extremo superior

El precio atraviesa el máximo previo creado en la acción de parada pero no se aleja demasiado antes de volver a reingresar dentro del rango, dejando una leve sacudida.

Inicialmente es un movimiento que denota fortaleza de fondo ya que el precio ha sido capaz de penetrar la zona de resistencia del rango, y esto no podría darse de no haber presente compradores agresivos.

Una posterior evaluación nos confirmará si se trata realmente de un test de fortaleza en el que se han absorbido órdenes con la intención de subir; o de si se trata de una acción sobre la que se ha distribuido (vendido) con el objetivo de llevar al precio más abajo.

Este nuevo máximo lo podemos utilizar para establecer un nuevo extremo superior sobre el que buscar la rotura alcista efectiva (en Fase D) o la sacudida bajista de la estructura (en Fase C).

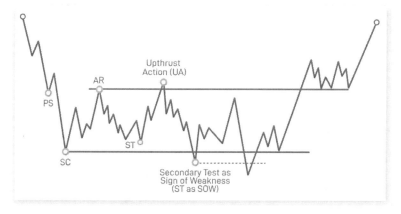

Cuando el rango es de acumulación/reacumulación, este evento será etiquetado como **Upthrust Action (UA)**; mientras que si se trata de una estructura de distribución o redistribución lo etiquetaremos como **Upthrust (UT)**.

Esta es la única diferencia entre estos etiquetados; si creemos con los indicios que tengamos hasta el momento que la probabilidad está en que se trate de un rango acumulativo lo etiquetaremos como *Upthrust Action*; y si creemos que hay más probabilidad de que se esté distribuyendo lo etiquetaremos como *Upthrust*.

Cuando ocurre el UA y el precio se mantiene por encima de la resistencia durante algún tiempo antes de caer, este movimiento alcista puede etiquetarse como **minor Sign Of Strength (mSOS)** ya que es un tipo de test que denota una mayor fortaleza.

Secondary Test sobre el extremo inferior

Es un test a mínimos de la estructura que produce un mínimo más bajo. Se genera debido a la agresividad de los vendedores y a una falta de interés de los compradores; lo que nos sugiere que es probable nuevos tests a esa zona en el futuro.

Este tipo de test denota mucha debilidad de fondo. Los operadores bien informados saben que el precio se encuentra sobrevalorado y tienen urgencia por vender. De ahí esa extrema debilidad. Generalmente hay más posibilidades de que aparezca este evento cuando el Secondary Test de la Fase A ha producido un mínimo más bajo. Hay una extrema debilidad en el mercado y dicha zona necesitará testearse en el futuro.

A partir de este nuevo mínimo podemos trazar otro nivel de soporte sobre el que esperar la rotura efectiva bajista o la sacudida final antes del movimiento tendencial al alza.

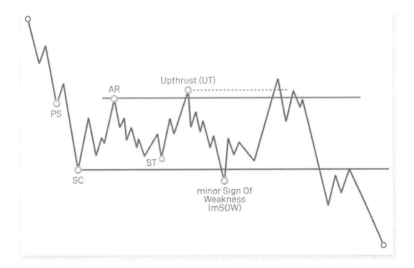

Si en base a las huellas que observamos hasta ese momento creemos que estamos ante una estructura de acumulación etiquetaremos dicho evento como **Secondary Test as Sign of Weakness (ST as SOW)**. Puede que sea una muestra de debilidad momentánea encuadrada dentro de un contexto de fortaleza mayor.

Cuando los indicios nos sugieren que el rango es de distribución o redistribución etiquetamos este evento como **minor Sign Of Weakness**

(mSOW). Una huella de que posiblemente estemos ante un *mSOW* es si el *Secondary Test* de la Fase A es un movimiento alcista pobre, de muy poco recorrido (falta de interés comprador).

Como decimos, sólo podemos saber qué etiqueta es la correcta una vez que el rango se ha confirmado hacia una u otra dirección, pero esto no nos sirve operativamente para nada. Utiliza las huellas para otorgarle una mayor probabilidad hacia uno u otro lado. Si observas un total equilibrio y no hay nada que te sugiera que es más probable que se trate de acumulación o de distribución, etiqueta tales eventos como **Secondary Test in Phase B (ST in B)**. Es una etiqueta neutral con la que identificar ese movimiento de test pero a la que no otorgamos ninguna connotación de fortaleza o debilidad.

El Test Genérico

Un test, por definición es un intento, evaluación o examen de algo. En este caso lo que se está probando es la intencionalidad de los grandes operadores a seguir en esa dirección.

Catalogaríamos el test como exitoso si aparece una vela que nos informe de acerca de la falta de participación del dinero inteligente. Y sin esta participación el mercado no podrá ir muy lejos.

Si los operadores profesionales tienen intereses más arriba, querrán asegurarse de que la oferta ha sido eliminada o absorbida antes de comenzar el movimiento al alza. Por el contrario, si prevén precios más bajos, harán lo posible para confirmar que no hay compradores dispuestos a complicar su movimiento hacia abajo.

Según entra el mercado a un área donde previamente hubo un volumen alto pueden suceder dos cosas:

• **Test válido**. Que el volumen sea ahora bajo, lo cual claramente indica falta de interés y sugiere que el mercado está ahora preparado para un movimiento tendencial a favor de la menor resistencia.

• **Test fallido**. Que el volumen sea todavía alto (relativamente), lo cual indicaría que aún hay operadores dispuestos a seguir empujando al precio. Lo óptimo aquí sería esperar o bien a que aparezcan repetidos test hasta que se pueda confirmar que no queda stock disponible; o que el mercado siga a favor de su último movimiento.

Debido a lo expuesto, los test pueden ser un gran momento para entrar al mercado, ya que si el test es válido, estaremos "apostando" a favor de la fuerza que más presiona y que en teoría tiene mayor control del mercado.

Dónde Buscar los Tests

Por su carácter genérico, es una acción que nos puede ser útil para tomar decisiones de trading e inversión en diferentes contextos del mercado, siendo los más recomendables:

Test tras sacudida

Conocido como test del *Spring* (sacudida bajista) o test del *Upthrust* (sacudida alcista), se desarrolla durante la Fase C, de test, previa a la rotura de la estructura.

Es el momento del mercado en el que mejor ratio riesgo/beneficio podemos tener; ya que si el test es genuino, estaremos muy cerca del extremo de la estructura (donde debería colocarse la orden de *Stop Loss*) y el recorrido hasta el extremo opuesto del rango podría ser bastante amplio (para tomar beneficios allí o hacer gestión de la posición).

Test tras rotura

Se desarrolla durante la Fase D, donde el precio ha iniciado el movimiento tendencial dentro del rango. Se trata de un momento crítico ya que lo que se está evaluando es si la rotura del extremo del rango será válida y se continuará el movimiento tendencial fuera del rango; o si se tratará de una falsa ruptura que quedará en una sacudida y hará reingresar de nuevo el precio al interior del rango.

El ratio riesgo/beneficio no es tan generoso como el que podemos tener en el test tras sacudida, pero aun así podemos estar ante una gran oportunidad ya que si estamos acertados en el análisis, el precio desarrollará el efecto de toda la causa que se ha construido durante el desarrollo del rango.

Test en tendencia

Debemos observar que el precio se encuentra en la Fase E de la estructura donde el mercado comienza a moverse tendencialmente fuera del rango.

Si la tendencia es muy rápida, a veces tardará en detenerse al menos temporalmente para desarrollar un nuevo esquema a favor de dicha tendencia. Para tales casos de velocidad, podemos buscar que se desarrolle esta acción, la cual nos otorgará una oportunidad para sumarnos al movimiento.

Cómo Aparece el Test Sobre el Gráfico

En *Volume Spread Analysis* se conoce a este tipo de velas como *No Demand* (vela alcista) y *No Supply* (vela bajista).

- Una vela No Demand es una vela alcista con un rango estrecho y con un volumen menor que el de las dos velas previas.

- Una vela No Supply es una vela bajista con un rango estrecho y con un volumen menor que el de las dos velas previas.

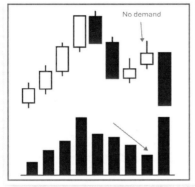 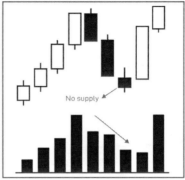

Se considera que el test es válido cuando la vela tiene un volumen menor que el de las dos velas previas, denotando como decimos esa falta de interés hacia esa dirección.

Cuando estamos ante un entorno de posible fortaleza de fondo (como podría ser un *Spring*, una rotura alcista del *Creek* o una tendencia alcista) buscaremos que el test, además que mostrar un volumen menor que el de las dos velas previas, se produzca sobre una vela bajista (*No Supply*). Cuanto menor sea el rango de dicha vela, mejor.

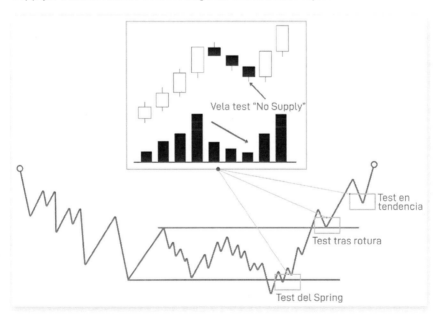

Por el contrario, cuando nuestro análisis nos diga que posiblemente estemos ante un entorno de debilidad de mercado (como podría ser un *Upthrust*, una rotura bajista del *Ice* o en mitad de una tendencia bajista), buscaremos que el test se produzca sobre una vela alcista de rango estrecho (*No Demand*).

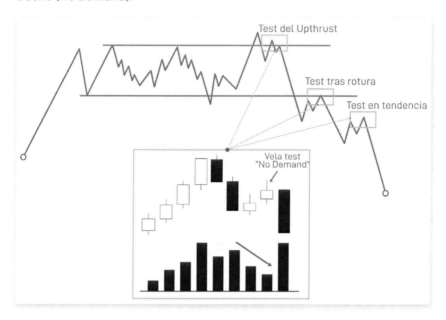

Diferencia Entre el *Secondary Test* y el Test Genérico

Conceptualmente se trata de la misma acción: movimiento que se desarrolla para evaluar el compromiso de los operadores en una dirección y que necesariamente debe aparecer con una disminución en los rangos del precio y en el volumen para tomarlo como válido.

La única diferencia radica en que el *Secondary Test* es un evento específico de la metodología Wyckoff, con las connotaciones a nivel estructural ya comentadas; y el test genérico es un evento global, muy conocido en la metodología VSA (*Volume Spread Analysis*) que se centra primordialmente en la propia acción en sí y en lo que su resultado nos sugiere sin tener en cuenta su localización estructural.

Evento nº5: Sacudida

La sacudida es el evento clave por el que esperan todos los operadores Wyckoff. No hay otro evento que añada mayor fortaleza al análisis y esto lo hace ser el evento más importante que se puede dar en los mercados financieros.

Para el caso de los esquemas acumulativos se denomina *Spring* (SP), mientras que para las estructuras distributivas lo etiquetaremos como *Upthrust* (UT).

Tras un período en el que los grandes operadores habrán construido gran parte de la posición que desean, utilizan este comportamiento como punto de inflexión a la hora de originar el movimiento tendencial que llevará al precio fuera del rango y desarrollará el efecto de toda la causa.

Para que podamos estar a la espera de ver una potencial sacudida deben haber ocurrido previamente dos acciones:

• La parada del movimiento tendencial previo, ya sea con volumen climático o no.

• La construcción de una causa significativa. Esto es el desarrollo de la Fase B, en la que deducimos que el profesional ha ido absorbiendo órdenes construyendo así su posición.

Contrapartida y búsqueda de liquidez

Como ya comentamos previamente sobre el proceso de subasta en el apartado sobre la Ley de Oferta y Demanda, para que una orden pueda ser ejecutada debe emparejarse con otra orden cuya intención sea la opuesta. Esto quiere decir que para que una operación de venta (oferta) se ejecute, debe casarse con una operación de compra (demanda) y viceversa.

Esta es la manera en que se mueven los mercados financieros: por la búsqueda de liquidez. Si los grandes operadores no fueran capaces de encontrar la contrapartida que necesitan para casar sus órdenes, el mercado sería imposible que se desplazara.

La liquidez son órdenes pendientes de ejecución, son órdenes del tipo limitadas. Estas órdenes limitadas se utilizan para entrar y salir del mercado, pero pueden ser de distinta naturaleza dependiendo de la posición que tenga el operador en ese momento: si está fuera del mercado las podrá usar para entrar en largo o en corto; y si está dentro del mercado las podrás usar para salir de él mediante la toma de beneficios o pérdidas.

¿Y dónde encuentran los grandes operadores esta liquidez? Se estima que en mayor o menor medida hay una gran cantidad de estas órdenes ubicadas al otro lado de los soportes y resistencias, es decir, en los extremos de las estructuras. El razonamiento es que los participantes observan estos extremos de los rangos y les hace pensar que en un futuro al llegar a esa misma zona el mercado se volverá a girar.

Esta información la tratan de distinta manera unos y otros, de ahí que haya todo tipo de órdenes limitadas pendiente de ejecución. Unos quieren anticiparse al giro, otros buscan entrar por momentum, otros establecen ahí su Stop Loss asumiendo que si sobrepasa dicha zona el soporte o la resistencia habrá sido rota de manera efectiva y confirmaría que su análisis ha sido erróneo etc. Los razonamientos son múltiples.

Lo único objetivo es que debido a todo esto se crean estas **zonas de liquidez** que resultan de tremenda utilidad tenerlas en cuenta al objeto de esperar sobre ellas un desequilibrio entre oferta y demanda que nos ofrezca una oportunidad operativa.

Esta información es muy relevante ya que en el evento que tratamos todas las órdenes cuyo origen provienen de los operadores mal informados o manos débiles, están siendo absorbidas por los operadores bien informados o manos fuertes.

El Comportamiento

La acción es simple: se trata de un movimiento de rotura de una zona previa de liquidez que inicialmente denota intencionalidad hacia la dirección de la rotura pero que en realidad se trata de un nuevo engaño.

Lo que sucederá es una falsa rotura donde los grandes operadores asumirán todas esas órdenes pendientes para poder iniciar así el movimiento tendencial que esperan.

Por esto, necesitan crear la sensación de que se trata de un movimiento genuino de rotura para poder atraer a más operadores y absorber todas esas órdenes.

Si cogemos cualquier gráfico, independientemente del mercado o temporalidad, veremos que para cualquier significante movimiento tendencial, previamente se ha desarrollado una sacudida. Es necesario. Ese cruce de órdenes es la gasolina que necesitan para poder moverse.

El factor crítico a la hora de analizar qué está sucediendo tras alcanzar el precio esa zona de liquidez es observar cómo reacciona inmediatamente después el mercado a esta acción. Una vez que el precio interactúa con esa zona, sólo pueden pasar dos cosas; que se absorban las órdenes y el precio continúe en la misma dirección, o que se genere una reversión. Sacar conclusiones de esa acción y reacción es nuestra tarea como operadores.

Entender esto elevará tu trading algunos niveles porque empezarás a estar más alerta de esta posibilidad y con el tiempo aprenderás a lucrarte de su comportamiento.

Cómo aparece la sacudida sobre el gráfico

Normalmente las sacudidas se presentarán de diferentes formas. Lo importante no es cómo se represente la sacudida sino las implicaciones que tiene. Qué más da que la acción se ejecute en una, dos o más velas, que el rango de la vela sea mayor o menor, o que el volumen sea alto o bajo. Todo esto es interpretable y llegaremos a la misma conclusión independientemente de cómo se represente finalmente. Lo relevante de esta acción en particular es el resultado: que el precio ha intentado romper cualquier tipo de extremo previo del precio y ha sido rechazado, no ha habido interés en continuar en esa dirección y lo más probable es que se haya aprovechado dicho movimiento para el posicionamiento en el lado opuesto por parte de los grandes operadores.

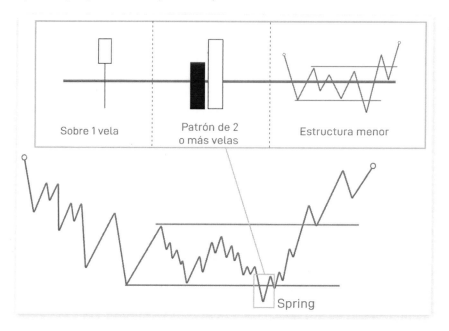

Sobre 1 vela

Se trata de la comúnmente conocida vela martillo. Es una vela que penetra la zona de liquidez y que devuelve prácticamente la totalidad del movimiento dentro de esa misma vela, dejando una significante cola en su extremo.

Estas mechas lo que denotan es un rechazo de los precios a seguir moviéndose en esa dirección. Se ha encontrado agresividad por parte de los operadores que estaban esperando en la dirección opuesta a la rotura y éstos han logrado hacerse al menos temporalmente con el control del mercado.

Patrón de 2 o más velas

El fondo de la acción es exactamente el mismo que para el ejemplo de una vela. La única diferencia es que sobre esta posibilidad el comportamiento se desarrolla sobre un mayor espacio temporal.

El hecho de que el precio pase más tiempo antes de revertir y recuperar la zona de rotura previamente establecida es un síntoma de menor fortaleza para la sacudida. Es decir, que en cuanto menos tiempo se produzca el giro, mayor fortaleza denotará la sacudida.

Estructura menor

En esta posibilidad el precio se mantiene durante un mayor período de tiempo en posición de potencial sacudida.

El control del mercado no está muy definido y es por ello que se precisa de una estructura menor que a la postre actuará en función de sacudida de la estructura mayor. Este es un claro ejemplo de la importancia del contexto.

- En posición de potencial *Spring* buscamos una estructura menor de acumulación que generará el giro alcista.

- En posición de potencial *Uptrust After Distribution* buscamos una estructura menor de distribución que generará el giro bajista.

Funciones de la sacudida

Este movimiento iniciado por los grandes operadores tiene diversas funciones:

Expulsar del mercado a los operadores de rupturas

Anteriormente los hemos presentado como codiciosos. Son aquellos operadores que ven al precio hacer un nuevo extremo y pensando que se trata de una rotura que tendrá continuidad, entran a mercado añadiendo más presión en esa dirección.

Es importante señalar que no sólo serán operadores manuales los que guiados por sus emociones entrarán al mercado. Una cantidad innumerable de estrategias automáticas programadas para operar sistemas de rotura generarán señales de entrada en dichos niveles.

Estos robots puede que activen otras estrategias de *momentum*, las cuáles añadirán aún más presión al movimiento, motivo por el cual este tipo de sacudidas suelen identificarse con un aumento considerable del volumen. Es una zona operativa importante para muchas estrategias y por tanto provocará el cruce de una gran cantidad de órdenes.

Todos estos participantes deberán asumir una pérdida cuando el precio se gire y alcance su Stop Loss, cuya activación añadirá aún mayor agresividad a la reversión.

Expulsar del mercado a los temerosos

Este grupo lleva aguantando posiciones perdedoras durante un gran período de tiempo y su límite está muy cerca. Tras ver moverse al precio de nuevo en su contra y por miedo a aumentar aún más la pérdida, finalmente deciden abandonar su posición.

Para el caso del potencial Spring, este tipo de operador estará posicionado en compra desde hace mucho tiempo y se encontrará con unas pérdidas latentes considerables. Pérdidas que finalmente decide convertirlas en efectivas al ver el momento inicial de la rotura bajista pensando que a continuación vendrán precios más bajos.

Lo mismo sucedería pero a la inversa para el operador que está posicionado en venta y ve el inicio de la rotura alcista pensando que el precio seguirá subiendo. No contempla la posibilidad de que se trate de una sacudida (Upthrust) y cierra su posición asumiendo pérdidas.

Expulsar del mercado a los listos

Generalmente suelen tener una buena lectura de mercado y han anticipado correctamente el giro del precio, pero se han precipitado en la entrada.

Para el ejemplo acumulativo posiblemente ya hayan comprado en algún momento del desarrollo de la estructura y habrán ubicado el stop loss en el mínimo del soporte; siendo éste alcanzado en la aparición del Spring.

Para el ejemplo distributivo el operador ya se encontrará vendido y será sacado del mercado en la acción del Upthrust al alcanzarse su stop de protección que tiene ubicado por encima de la resistencia.

Lucrarse con la maniobra

Los grandes operadores que desequilibran el mercado y originan el movimiento de la sacudida se aprovechan del desplazamiento que provocan las operativas de rupturas y cierran sus posiciones obteniendo un pequeño beneficio con la diferencia.

Es decir, que se posicionan a la baja para iniciar el movimiento del Spring y justo antes de la reversión alcista cierran su posición; y se posicionan en largos antes del inicio del Upthrust cerrando en máximos la posición.

Indicios para saber si estamos ante una potencial sacudida

¿En qué momento podemos comenzar a buscar la sacudida? Esta es una tarea complicada ya que como hemos visto, el mercado puede desarrollar el proceso acumulativo o distributivo con esquemas rápidos o lentos. Pero nuestra ventaja radica en favorecer siempre el desarrollo de las estructuras que con mayor frecuencia aparecen, y para ello nos basamos en los eventos y fases que aquí estudiamos. Con esto de base, no vamos a tener en cuenta los esquemas rápidos en lo que a la búsqueda de la sacudida se refiere.

Que estemos realmente ante la sacudida que va a diseccionar toda la estructura sólo lo podremos saber tras evaluar la reacción del precio a tal acción potencial. Pero antes de eso, ¿en qué podemos basarnos para sugerir que podríamos estar ante la sacudida? Vamos a estar buscando básicamente dos huellas:

1. Que la estructura haya desarrollado proporcionalmente sus fases.

2. Que no hayamos visto una sacudida previamente en el extremo opuesto.

En tiempo real estos son los dos principales indicios que debemos evaluar para favorecer la situación de potencial sacudida. Como veremos más adelante en el estudio de fases, la Fase B generalmente es la fase de mayor duración. Entonces, hasta que no veamos que la Fase B ha consumido proporcionalmente más tiempo que la Fase A, no estaremos en disposición de pensar que podemos estar dentro de la Fase C. Es decir, cuando la Fase B ya sea por tiempo más amplia que la Fase A, será cuando comenzaremos a buscar el evento de test en Fase C, la sacudida.

En segundo lugar, una señal que nos otorgará cierta confianza en la posibilidad de estar ante la sacudida final es que ésta sea la primera sacudida que sucede en la estructura. Es una acción difícil de cumplir ya que normalmente durante el desarrollo de la Fase B el mercado fluctuará entre los límites del rango y posiblemente deje sacudidas menores en máximos y mínimos. Pero si nos encontramos en esta situación de no haber visto previamente una sacudida y estamos observando en tiempo real este posible comportamiento, es un indicio que añade confianza al planteamiento ya que como sabemos, la mayor parte de los movimientos tendenciales se van a originar de una sacudida.

Cosa diferente sería si previamente hemos visto una sacudida en el extremo opuesto. Imagina que estás en situación de potencial Spring pero previamente observamos una sacudida por arriba. Esa situación de potencial Spring podría ser simplemente una ruptura efectiva bajista que tendrá continuación en búsqueda de precios más bajos, sobre todo si el movimiento actual ha sido originado tras la sacudida por arriba previa. En este caso deberemos esperar posterior confirmación del precio para valorar con mayores garantías la posibilidad de la sacudida.

Evitar errores en la etiquetación

Es importante aclarar que la sacudida únicamente podrá ser etiquetada como *Spring* o *Upthrust After Distribution* cuando ésta origina el movimiento de ruptura de la estructura.

El *Spring* necesariamente debe provocar la rotura alcista del rango y el desarrollo tendencial de todo el efecto. Todo lo que no sea esto, no debería etiquetarse como *Spring*. Se tratará simplemente de un test.

Lo mismo sucede para el *Upthrust After Distribution*. Todo lo que no sea que dicha sacudida alcista provoque la posterior rotura bajista de la estructura no debería etiquetarse como UTAD. Un UTAD es el evento de sacudida de los máximos de la estructura pero que además debe originar la rotura bajista e inicio del movimiento tendencial fuera del rango.

Spring/Shakeout

El término *Spring* (que puede traducirse al castellano como "saltar"), es una abreviatura de la palabra "*Springboard*" ("trampolín" en inglés).

Este concepto fue presentado por Robert G. Evans, un destacado alumno de Richard D. Wyckoff y se trata de un refinamiento del concepto original que desarrolló Wyckoff, el cual se conoce como *Terminal Shakeout* (sacudida final). Wyckoff se refería a este término como una posición que alcanza el mercado durante el desarrollo de un rango de acumulación en el que el precio se encuentra en disposición de abandonarlo para iniciar un movimiento al alza.

Recordamos que un rango de acumulación es una fase del ciclo del mercado en la que los grandes operadores perciben valor en el precio (lo encuentran infravalorado) y llevan a cabo un proceso de compra con la intención de vender a precios superiores y obtener beneficio de la diferencia.

El evento del *Spring* describe un movimiento bajista que rompe un área previa de soporte y cuyo propósito es llevar a cabo una transferencia desde las manos débiles u operadores mal informados hacia las manos fuertes u operadores bien informados.

Tipos de Spring

En el momento de producirse la rotura del soporte debemos permanecer muy atentos y observar con cuidado el comportamiento del precio y el volumen.

No deberíamos, pero si ya estamos dentro de una posición de compra, dependiendo de la forma en que baje el precio decidiremos si permanecer dentro de la operación o salir inmediatamente. Si se observa un fuerte rebote desde el nivel con un ligero aumento del volumen, indica que el valor está desarrollando fortaleza técnica.

Se diferencian tres tipos en base al grado de oferta que se observa en el momento de la rotura:

Spring #1 o *Terminal Shakeout*

Spring #1
Terminal Shakeout

Aparece fuertemente la oferta (gran interés vendedor). Esto se evidencia por un aumento repentino del volumen y una expansión de los rangos del precio que producen una gran penetración de la línea de soporte.

En esencia, el *Spring* y el *Terminal Shakeout* se tratan de la misma acción: un movimiento bajista que rompe un área de soporte previa. Pero existen diferencias entre ellos, y éstas las encontramos en la intensidad (volumen) y el alcance de su desarrollo; mientras que el *Spring* se usa para definir movimientos más cortos y con un volumen leve o moderado; el *Terminal Shakeout* se usa para definir movimientos con una penetración mucho más profunda y con un volumen alto.

La oferta está en control de la situación. Hay una extrema debilidad y el precio cae. Para que este tipo de *Spring* sea exitoso, debe producirse una fuerte entrada de demanda que impulse al precio de nuevo al alza con unos rangos del precio amplios y un volumen relativamente alto.

Una primera indicación de que la demanda puede que esté entrando es si tras la penetración, el volumen permanece alto pero los rangos del precio comienzan a disminuir.

Si la demanda no aparece, el precio seguirá cayendo y tendrá que construir una nueva área de acumulación antes de que pueda tener lugar un sustancial movimiento alcista.

Spring #2

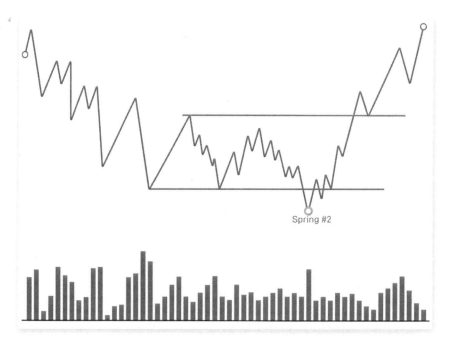

Se observa una penetración moderada según el precio rompe hacia abajo con un aumento tanto en el volumen como en los rangos del precio.

Existe una oferta flotante (operadores dispuestos a vender), pero no es tan abrumadora como en el *Spring* #1. Esa oferta latente deberá ser absorbida por los profesionales en caso de que quieran hacer subir al precio, por lo que lo más probable es que veamos sucesivos test a dicha zona.

Spring #3

Spring #3

Hay un agotamiento de la oferta (falta de agresividad vendedora). Esto es evidenciado por un leve alcance en la rotura, con una disminución del volumen y un estrechamiento de los rangos del precio; lo que sugiere una falta total de interés en el lado bajista.

Se trata de un *Spring* muy poderoso sobre el que se pueden tomar directamente posiciones de compra.

También podemos encontrar una última variante en la que el evento se desarrolla dentro de los límites del rango (**minor Spring**). Este evento denota mayor fortaleza de fondo, aunque los profesionales prefieren que se produzca la sacudida más allá del rango porque hace un mejor trabajo de limpieza de la oferta remanente de las manos débiles.

La acción del *Spring* es una importante señal de fortaleza ya que el hecho de fracasar en la rotura nos provee de un mayor grado de confianza a la hora de tomar acción posteriormente.

El Ordinary Shakeout

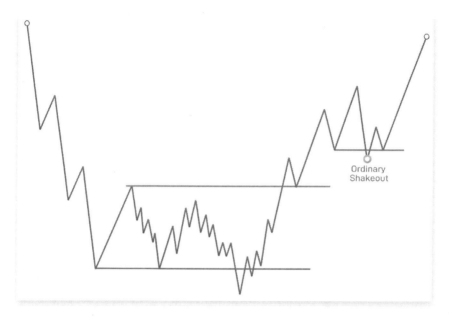

Ordinary
Shakeout

El *Spring* y el *Terminal Shakeout* son dos eventos similares los cuales ocurren durante el desarrollo de un rango de acumulación. Pero existe otra variante; el *Ordinary* Shakeout, el cual se diferencia por la localización en la que tiene lugar. El *Ordinary* Shakeout se define como un fuerte empuje bajista sin una extensa preparación previa que ocurre durante el desarrollo de una tendencia alcista, es decir, en un contexto de reacumulación.

El *Ordinary Shakeout* se caracteriza por unos rangos del precio amplios y un aumento del volumen. Sin embargo, el volumen puede ser alto, medio o bajo.

El test del Spring

A excepción del *Spring* #3, en las demás variantes es necesario que el evento sea testeado ya que se ha observado oferta presente y el resultado positivo no está garantizado.

Sé muy precavido si no se ha producido el proceso de testeo ya que puede tener lugar en un momento futuro. Para que el test sea exitoso, debería desarrollarse con un estrechamiento de los rangos, una disminución del volumen y debería mantenerse por encima del nivel del *Spring/Shakeout*. Todo esto indicaría un agotamiento de la oferta y sugiere que el precio está preparado para iniciar el movimiento alcista con relativa facilidad, representando una buena señal de compra.

Si el test no cumple estas características se considera que es un test de pobre calidad y sugiere nuevos testeos posteriormente ya que un *Spring* con volumen significativo necesita ser testeado de forma exitosa antes de que pueda iniciarse el movimiento alcista.

UpThrust After Distribution (UTAD)

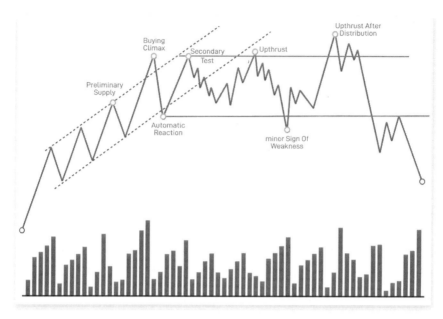

Un *Upthrust After Distribution* es la sacudida alcista que se produce como evento de test en Fase C dentro de los rangos de distribución y redistribución.

Se trata de un movimiento alcista cuyo objetivo es ir a comprobar la capacidad de los compradores en llevar los precios más arriba al alcanzar una zona clave, como es la rotura de unos máximos previos.

Teóricamente es un *Upthrust* (UT), pero al suceder en Fase C se denomina UTAD porque ya ha tenido lugar un proceso previo de distribución, independientemente de si hubo *Upthrusts* previos en Fase B.

En esta acción el volumen que se observará será moderado o fuerte, evidenciando la cantidad de órdenes que se estarán cruzando en dicha zona clave.

minor Upthrust After Distribution

Al igual que ocurre con el *minor Spring*, se trata de una sacudida alcista que se produce dentro de la estructura.

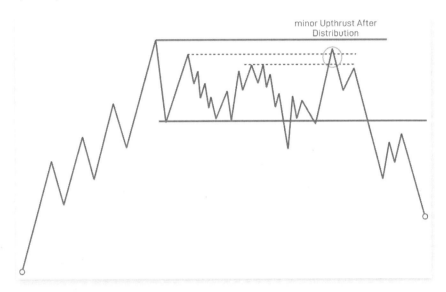

Esta sacudida alcanzará algún/os máximos previos y aunque lo ideal es esperar a que la trampa se produzca en los límites totales de la estructura, en realidad este tipo de sacudida menor denota un mayor control por parte de los vendedores ya que no han permitido subir al precio más allá y han aparecido agresivamente vendiendo sobre esos máximos previos, dejando dicho comportamiento como un fallo estructural de debilidad, concepto que estudiaremos posteriormente.

Aunque es cierto que el UTAD se utiliza únicamente para identificar la sacudida de los máximos totales de la estructura, en términos funcionales lo que nos interesa es ver dicho comportamiento, aunque sea sobre un máximo local menor. Es por esto que se considera interesante etiquetar también este evento como UTAD menor, aunque algunos operadores Wyckoff lo tratan simplemente como un *Last Point of Supply* (LPSY).

El test del Upthrust After Distribution

Aunque puede ocurrir, tras el UTAD no siempre aparece un *Secondary Test*. Esto se debe a la gran cantidad de oferta que entra en el mercado, la cual causa el inmediato movimiento bajista en forma de *Sign of Weakness*, denotando mucha urgencia.

Al igual que con el *Spring*, generalmente es mejor que suceda el test. El hecho de que no aparezca el test puede suponer la pérdida de una oportunidad, pero esperar a que suceda te ayudará a evitar tomar una posible mala posición en corto sobre una acción que podría tratarse de una rotura alcista genuina.

En caso de que haya test, este movimiento alcista denota menos entusiasmo que el visto en el UTAD. Esto generalmente se refleja por una parada del movimiento sobre un nivel inferior al del UTAD y una reducción en los rangos del precio y del volumen, lo que nos indica un agotamiento de los compradores y nos confirma el escenario de distribución. Sobre el techo de esta subida se pueden tomar posiciones de venta.

Si el test no se queda por debajo del nivel que establece el máximo del UTAD o el volumen es mayor, hay que dudar de la sacudida. Lo más sensato es esperar alguna señal adicional de debilidad antes de vender, como nuevas sacudidas y sucesivos test exitosos.

Terminal Upthrust

Se asemeja al *Terminal Shakeout*. Tiene las mismas características que un *Upthrust* normal pero el alcance de la acción es generalmente más severo. El volumen puede ser extremadamente alto o la penetración inusualmente grande. Incluso así, el resultado es el mismo. En un corto período de tiempo el precio reingresa en el rango, indicando una fuerte presión bajista.

Ordinary Upthrust

Al igual que el *Ordinary Shakeout*, se trata de una sacudida sin apenas preparación durante el desarrollo del movimiento tendencial bajista. Es una oportunidad muy interesante para entrar en corto ya que estaríamos operando a favor de la última distribución.

EVENTO Nº6: ROTURA

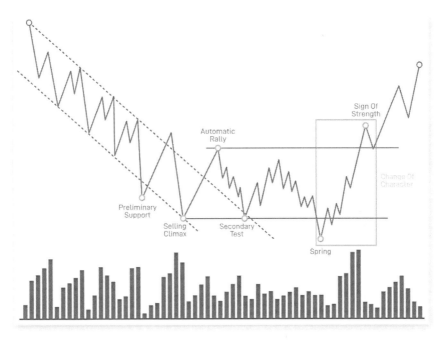

Tras el evento de test en Fase C (sacudida o LPS), el precio desarrollará un movimiento tendencial en dirección de la menor resistencia.

Para el caso de los esquemas acumulativos se denomina *Sign of Strength* (SOS), mientras que para las estructuras distributivas lo etiquetaremos como *Sign of Weakness* (SOW).

Cuando aparece nueva información, las valoraciones de los agentes cambian y el mercado entra en un nuevo estado. Un estado ineficiente donde uno de los dos lados (compradores o vendedores) deja de negociar al no considerar ahora que valor y precio confluyen en esa zona de precios. Esta ineficiencia se representa como una salida del precio donde abandona el rango de cotización sobre el que estuvo fluctuando.

El mercado se encuentra en desequilibrio y esto provoca un fuerte movimiento que rompe la estructura iniciando el desarrollo de la causa que se ha construido previamente. En ese punto los grandes profesionales ya habrán absorbido toda la liquidez que necesitan para crear sus posiciones y verificado (a través de la sacudida y el test) que no encontrarán mucha resistencia en el avance posterior del precio en esa dirección.

Pero nos alerta de una posible oportunidad en un futuro muy próximo. Esta oportunidad se encuentra en la acción inmediata, en el test de confirmación tras la ruptura.

Change of Character

Se trata del segundo *Change of Character* (ChoCh) de la estructura. Recordamos que el primero se produce con el Evento nº2 de Reacción, en el que el mercado pasa de un estado tendencial a un contexto de rango. El cambio de carácter lo identificamos desde el inicio de la Fase C hasta la finalización de la Fase D.

En esta ocasión, este nuevo ChoCh cambia el contexto del mercado poniendo fin a la lateralización del precio y dando inicio a una nueva fase tendencial.

El ChoCh no se trata únicamente de un fuerte movimiento; sino que está compuesto por dos eventos: un fuerte movimiento y un leve retroceso. Este conjunto forma el cambio de carácter.

Cómo aparece sobre el gráfico

Nos encontramos en un entorno de velocidad y esto hace que se desarrolle dicho movimiento mediante velas en las que se observa un aumento relativo en los rangos del precio así como también un aumento en el volumen.

Dicho movimiento romperá de forma fluida niveles previos de liquidez denotando fuerte momentum. Es la máxima representación del desequilibrio del mercado y la agresividad mostrada por los operadores.

La rotura sin volumen

Generalmente, las rupturas deberían producirse con volumen creciente, si bien es cierto que en ocasiones podríamos ver dichas acciones sin un aumento de volumen especialmente elevado. Esto nos sugiere que la liquidez que queda disponible es esencialmente baja y que por tanto los operadores que están en control no necesitarán hacer ningún esfuerzo especial para desplazar fácilmente el precio.

Para el ejemplo de rotura alcista, si vemos que se produce con velas de rango estrecho y un volumen en la media, en principio deberíamos desconfiar de su intencionalidad; pero puede que lo que suceda es que haya muy poca oferta flotante, es decir, que haya muy pocos operadores dispuestos a vender. Entonces, la ausencia de vendedores junto a una agresividad moderada de los compradores puede provocar esa ruptura al alza sin un volumen relativamente alto.

Claves del evento de rotura

La ruptura es un momento clave ya que podríamos estar ante un potencial evento de sacudida, por eso es primordial hacer una evaluación juiciosa de la acción del precio y el volumen posterior a dicho evento. Para ello, podemos ayudarnos de algunos indicios:

<u>El no reingreso inmediato al rango</u>

Es la señal más fiable de intencionalidad a favor de la ruptura. La principal huella que no denotará que la ruptura puede que sea efectiva es que logre mantenerse fuera del rango y que fracase en sus intentos por reingresar a la zona de equilibrio.

Además de observar que el movimiento va acompañado por un aumento en los rangos del precio y el volumen; y que rompe zonas pre-

124

vias de control (máximos o mínimos previos dependiendo de la dirección), el indicio más potente para valorar como genuina la rotura es que el precio no reingrese de nuevo al rango. Esto denota que ha dejado de haber interés en esa antigua zona de equilibrio y nos confirma que el movimiento de desequilibrio está siendo apoyado por los grandes operadores.

Representación de la falta de interés

Otro indicio que añadiría fortaleza a la rotura efectiva sería observar posteriormente velas sin intencionalidad: de rango estrecho, entrelazadas y con un volumen menor que el visto sobre el movimiento de ruptura.

En definitiva se trata de ver un comportamiento del precio que nos sugiera que esos nuevos niveles del precio no están siendo rechazados. Esto se evidenciaría a través de un movimiento de ruptura representado por velas de fortaleza y aumento en el volumen; y un movimiento de retroceso con velas de indecisión y disminución del volumen.

Distancia de la ruptura

Por otro lado, la distancia que consiga recorrer el precio podría ser otro indicio a considerar. Aunque no hay una distancia predefinida, el recorrido debería ser evidente. Es decir, la rotura que consigue alejarse bastantes puntos de la estructura nos ofrece una mayor confianza.

Este hecho nos informa sobre la gran capacidad que han tenido los participantes logrando un gran empuje de los precios en esa dirección. Evidentemente el comportamiento general seguirá estando supeditado a la posterior reacción en el test tras la ruptura, pero el hecho de recorrer una gran distancia puede ser muy significativo como muestra definitiva de intencionalidad.

La rotura no ofrece una oportunidad

En términos operativos, esta acción no representa una oportunidad operativa. Esto es así principalmente porque se encuentra en una zona delicada donde se estarán produciendo una enorme cantidad de cruce de órdenes y podría cambiar el control del mercado.

Lo que en principio parece ser una rotura efectiva se podría convertir en una sacudida. En tiempo real nunca podremos saber a ciencia cierta cuándo esta ruptura será efectiva y cuando se tratará de una falsa ruptura. Ten en cuenta que la gran mayoría de las roturas son maniobras para asumir liquidez de los grandes profesionales que terminan convirtiéndose en rupturas fallidas y crean oportunidades para operar en reversión.

Cada acción del mercado debe confirmarse o rechazarse por la subsiguiente acción del precio. es por esto por lo que es más conveniente esperar al posterior test con el que confirmar definitivamente la acción. Es la única manera de poder intuir qué es más probable que suceda (rotura genuina o falsa), dejando actuar al precio posteriormente a este evento.

Aun así, obviamente no está garantizado que la operación vaya a tener éxito. El mercado es un entorno de constante incertidumbre y está totalmente fuera de nuestro control. Como operadores discrecionales lo único que podemos hacer es ir sumando indicios que favorezcan que el control lo tiene uno u otro lado para intentar posicionarnos. Al final es una cuestión de probabilidades.

Sign of Strength

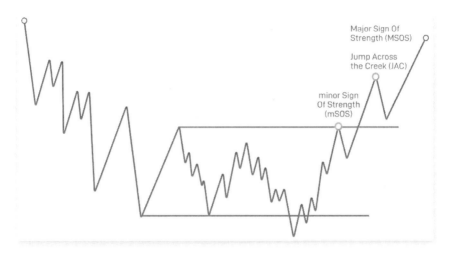

El **Sign of Strength** (SOS) es un movimiento alcista que se origina en el mínimo de la fase C (*Spring* o LPS) y finaliza produciendo la rotura de la parte alta del rango (JAC - **Jump Across the Creek**). Se trata de una gran muestra de fortaleza que denota urgencia de las instituciones por entrar. Son muy alcistas y compran agresivamente.

Todo ello genera el cambio de carácter previo al inicio del movimiento alcista fuera del rango. Es seguido por un retroceso hacia el Creek roto para generar la acción del **BackUp** (BU) o **BackUp to the Edge of the Creek** (BUEC).

Para valorar que realmente podemos estar ante una muestra de fortaleza queremos ver que el movimiento alcista tiene facilidad de desplazamiento e intencionalidad; lo cual se representa con unos rangos amplios y un volumen alto, logrando romper y mantenerse por encima de la resistencia de la estructura.

minor SOS

En caso de que el movimiento alcista alcance el tercio superior de la estructura pero no logre romperla, este movimiento se etiquetaría como **minor Sign Of Strength (mSOS)**. Se trata de un movimiento de fortaleza de menor calidad.

Si durante la Fase B observamos un movimiento con estas mismas características también podríamos etiquetar ese evento como SOS menor.

Sign Of Strength Bar

Se trata de una barra alcista con rango amplio, cierre en máximos y aumento del volumen; aunque también podría tratarse de un gap alcista. Señala la presencia de fuerte demanda de calidad. Es el punto de compra institucional.

En esencia se trata del mismo comportamiento que el Sign of Strength pero en una escala menor, a nivel vela. Es un buen ejemplo de lo que entendemos por fractalidad de mercado. Esta SOSbar en realidad es un movimiento SOS completo en una temporalidad inferior.

Se podría utilizar como gatillo de entrada. Si en zona operativa (tras sacudida, tras rotura y en tendencia) observamos una barra de fortaleza (SOS Bar), es la señal definitiva de que los grandes profesionales están apoyando el movimiento al alza y nos proporciona una buena oportunidad para incorporarnos en largo.

Sign of Weakness

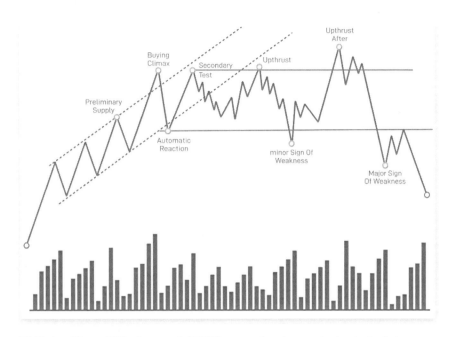

El **Major Sign of Weakness** (MSOW) es un fuerte movimiento bajista cuyo origen se encuentra en el máximo de la Fase C (UTAD o LPSY) y provoca la ruptura de la parte baja del rango (ICE) para dar inicio a una nueva tendencia bajista. Es una muestra de debilidad que evidencia la agresividad de los participantes por empujar el precio hacia abajo.

Para valorar la presencia de la muestra de debilidad queremos ver que el movimiento bajista se desplaza fácilmente, y que recorre una distancia relativamente larga con velas de intencionalidad bajista, representadas por rangos amplios y un volumen alto que además logran romper y mantenerse por debajo del nivel de soporte de la estructura.

minor SOW

Si tras el evento de test en Fase C este movimiento de debilidad no es capaz de romper la estructura, lo etiquetaríamos como **minor Sign of Weakness (mSOW)**. Se trata de una señal de debilidad menor.

También podríamos etiquetar como tal a cualquier movimiento que durante el desarrollo de la Fase B cumpla con estas características en precio y volumen.

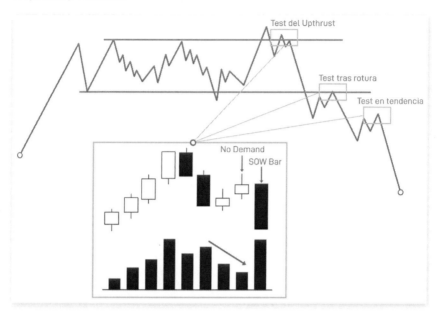

Sign Of Weakness Bar

Visualmente se observa como una barra bajista con aumento relativo de los rangos del precio y el volumen y con su cierre en mínimos del rango de la vela, aunque también podría identificarse mediante un gap bajista.

Señala la agresividad de los vendedores y es por tanto un punto de venta profesional.

El principal uso que podemos darle es como gatillo de entrada para operaciones de venta. Si en zona operativa (tras sacudida, tras rotura y en tendencia) observamos una barra de debilidad (SOW Bar), es la señal definitiva de que los grandes profesionales están apoyando el movimiento a la baja y nos proporciona una buena oportunidad para vender en corto.

EVENTO Nº 7: CONFIRMACIÓN

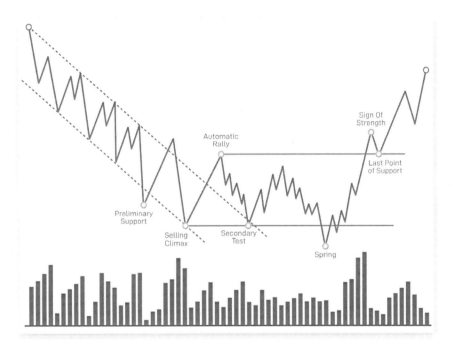

Cuando aparece el evento de rotura, ésta es sólo "potencial" ya que la confirmación viene por parte de su test. Al igual que con las sacudidas, las señales de fortaleza (*Sign of Strength*) o debilidad (*Sign Of Weakness*) necesitan ser testeadas.

Si tenemos un test exitoso, ahora estamos en posición de etiquetar el movimiento previo con una mayor confianza y éste último, su test, es el evento de confirmación. Es decir, que el test nos confirmará si estamos o no ante un verdadero movimiento de intencionalidad.

En términos de la metodología, de igual manera que el movimiento de ruptura alcista se etiqueta como *Sign of Strength* (SOS) o *Jump Across the Creek* (JAC), el movimiento de retroceso que confirma la rotura se etiqueta como *Last Point of Support* (LPS) o *Back Up to the Edge of the Creek* (BUEC).

Para el ejemplo bajista la rotura como sabemos la provoca una señal de debilidad (*Sign of Weakness* - SOW) y el movimiento de retroceso que la confirmaría se etiqueta como *Last Point of Supply* (LPSY) o *Fall Through the Ice* (FTI), aunque este último término es menos conocido. Recordamos que el Ice es la zona de soporte en las estructuras y este término proviene de una analogía similar a la del Creek.

¿Pero cómo podemos saber si podemos esperar el evento de confirmación? Obviamente no podemos saberlo. Se trata de ir sumando indicios que otorguen una mayor probabilidad a que ocurra un escenario en vez del opuesto. En este caso, para esperar al test de confirmación primero queremos ver que el precio realiza un movimiento impulsivo, evidenciado por una expansión en los rangos del precio y un aumento en el volumen operado. En este punto nuestro escenario principal debería ser esperar un movimiento de retroceso para buscar una oportunidad operativa.

Cómo aparece sobre el gráfico la confirmación

Este es el momento más delicado porque se trata de examinar si estamos ante un potencial evento de ruptura o de sacudida.

Se recomienda volver a repasar el apartado del capítulo previo donde se comentan las claves del evento de rotura. En esta acción de confirmación buscamos que suceda exactamente lo ahí expuesto:

• Que el mercado recorra una distancia significativa en el movimiento de ruptura.

• Que el movimiento de test denote falta de interés, es decir, que lo haga con velas de rango estrecho, entrelazadas y con volumen bajo.

• Que el precio no reingrese al rango.

Como hemos visto, el movimiento de ruptura nos dará una mayor confianza si va acompañado de un aumento en los rangos del precio y en el volumen; de igual manera, queremos ver que el movimiento de retroceso que va a testear la estructura rota va acompañado de una disminución en los rangos del precio y el volumen en términos comparativos.

Esta es la acción natural para todos los movimientos que conforman una tendencia: movimientos impulsivos que muestren intencionalidad y movimientos correctivos que denoten falta de interés.

Señal de alerta tras la rotura

Si hay un volumen relativamente alto sobre el test de confirmación, lo más conveniente es proceder con precaución ya que ese volumen nos indica que hay interés latente hacia esa dirección.

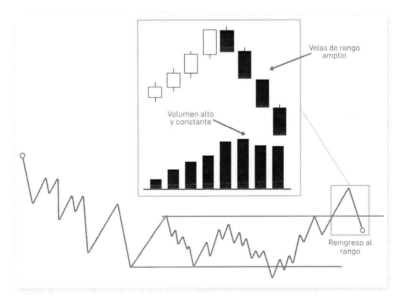

Y como sabemos, los grandes operadores no iniciarán el movimiento esperado hasta haberse asegurado de que el camino está libre de resistencia. Por tanto, deberíamos esperar a que se desarrollen sucesivos test sobre la zona.

Un movimiento correctivo con rangos del precio amplios y volumen alto cancela la posibilidad de que el primer movimiento sea de ruptura y lo más probable en este punto es que el precio reingrese al rango dejando la potencial rotura finalmente como una sacudida.

Oportunidad operativa

Este evento de confirmación aparece en una localización idónea para entrar al mercado o para añadir a una posición abierta.

Originalmente ésta era la posición predilecta por Richard Wyckoff para entrar al mercado debido a que en nuestro favor tenemos identificada toda la acción del precio a nuestra izquierda donde podemos ver el esfuerzo de los profesionales por llevar a cabo una campaña de acumulación o distribución y por tanto nos ofrece una oportunidad con un riesgo relativamente más bajo.

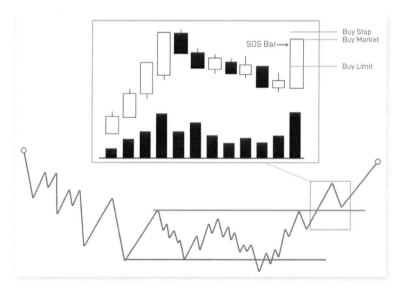

Para comprar, una buena opción sería esperar a que aparezca una vela de fortaleza (SOSbar) y colocar una orden de entrada a mercado, o una orden *stop* a la rotura de la vela, o incluso una orden limitada de compra en cierto nivel esperando que el precio retroceda hasta él. Coloca o mueve el *stop loss* de la posición entera bajo el *Last Point of Support* y la línea de resistencia (Creek) rota.

Para vender, espera a que aparezca una buena vela de debilidad (SOWbar) y entra al mercado utilizando la orden que mejor se adecúe a tu personalidad como operador. Coloca o mueve el *stop loss* por encima del *Last Point of Supply* y la línea de soporte (Ice) rota.

Cuantificar el gatillo de entrada

Lamentablemente todos los enfoques discrecionales por su propia naturaleza tienen una gran desventaja debido a la subjetividad requerida a la hora de realizar los análisis y plantear escenarios.

Esta subjetividad es la causante de que métodos con una lógica subyacente real como es la metodología Wyckoff puedan no ser ganadores en manos de todos los operadores.

Como seguramente ya habrás leído en algún otro sitio, se considera que la participación del ser humano dentro de una estrategia de trading es sin duda el eslabón más débil, y esto obviamente se debe al apartado emocional que nos gobierna.

Para mitigar esto, muchos recomiendan intentar objetivar al máximo nuestra estrategia de trading. Pero esto no es una tarea sencilla, y mucho menos para los operadores Wyckoff. Los elementos a tener en cuenta a la hora de plantear escenarios son tantos, que parecería imposible crear una estrategia con unas reglas 100% objetivas que operase siempre de la misma manera.

Una solución que sí está en nuestra mano es intentar cuantificar el gatillo que utilizaremos para entrar al mercado. Es sin duda una simple medida que puede ayudarnos a incorporar algo de objetividad a nuestra estrategia.

Si únicamente estás operando utilizando barras o velas, podrías querer cuantificar qué pasa cuando aparece cierto patrón del precio. Por ejemplo, para comprar, podríamos cuantificar un sencillo giro del precio compuesto por una vela bajista seguida otra vela alcista. Y a partir de ahí lo podemos complicar todo lo que queramos. Podemos añadir otras variables como que alguna media móvil esté por debajo, que la segunda vela alcista sea superior a un número de pips, que se utilice una orden *stop* de compra a la rotura de la vela etc.

Si estás operando utilizando además herramientas basadas en volumen, podrías querer añadir otras variables como que el precio se encuentre por encima del POC (*Point of Control*), VAH (*Value Area High*), VAL (*Value Area Low*) o VWAP (*Volume Weighted Average Price*); o que esa vela alcista vaya además acompañada por un aumento significativo en el Delta (Diferencia entre Bid y Ask).

Las opciones son infinitas, desde lo más sencillo a lo más complejo; el único límite lo pone nuestra imaginación. Eso sí, este es un trabajo arduo ya que si no sabes cómo hacerlo mediante código (programando un robot), te tocará hacerlo a mano y esto te requerirá mucho tiempo. Además, a la hora de hacer un Backtest hay que tener en cuenta otros aspectos como la calidad de la data, los gastos en comisiones (*spreads*, comisión, *swap*), problemas de latencia (*slippage*), así como otros puntos concernientes a la optimización de estrategias.

Last Point of Support

El *Last Point of Support* (LPS) es la acción inmediata que precede a un *Sign of Strength* (SOS). Es un intento por parte de los vendedores de empujar el precio más abajo pero que fracasa al aparecer agresivamente los compradores, dando origen a un nuevo impulso alcista.

En base al movimiento que precede al *Last Point of Support*, podemos encontrar distintos tipos:

• *Last Point of Support* tras sacudida. En caso de que el precio venga de desarrollar un *Spring/Shakeout*, el *Last Point of Support* serían los test de esos dos eventos.

• *Last Point of Support* dentro del rango. Si el precio viene de desarrollar un *Sign of Strength*, el *Last Point of Support* aparecerá en el retroceso bajista.

• *Last Point of Support* fuera del rango. Aquí tenemos por un lado el movimiento de test tras la rotura (el evento de confirmación, el *Back Up to the Edge of the Creek*); y por otro lado todos los retrocesos que encontramos durante la fase de tendencia alcista fuera del rango.

Como sabemos que el mercado se mueve por ondas; tras el impulso alcista (*Sign of Strength*) esperamos un retroceso bajista (*Last Point of Support*). Este retroceso es el último punto de apoyo de la demanda. Es un punto del precio donde los compradores aparecen para detener la caída, generando un mínimo más alto. Este mínimo mayor es una parada previa antes de comenzar con un nuevo movimiento impulsivo al alza.

Muchos operadores guiados por su falta de comprensión estarán comprando durante el desarrollo de la señal de fortaleza (SOS). Pero esta acción no es correcta, lo más recomendable es esperar a la siguiente reacción (LPS) para en ese punto comenzar a buscar un gatillo de entrada al mercado.

A veces el *Last Point of Support* ocurrirá sobre el mismo nivel de precio sobre el que apareció el *Preliminary Support* ya que es ahí donde los grandes operadores comenzaron a comprar el activo.

Last Point of Supply

El *Last Point of Supply* (LPSY) es la acción inmediata que precede a un *Sign of Weakness* (SOW). Se trata de un intento del precio por subir pero que es bloqueado por los vendedores, quienes ya están posicionados en corto y aparecen de nuevo para proteger sus posiciones.

En base al movimiento que precede al *Last Point of Supply*, podemos encontrar distintos tipos:

• *Last Point of Supply* tras sacudida. En caso de que el precio venga de desarrollar un *Uptrust After Distribution*, el *Last Point of Supply* sería su test.

• *Last Point of Supply* dentro del rango. Si el precio viene de desarrollar un *Sign of Weakness*, el *Last Point of Supply* aparecerá en el retroceso alcista.

• *Last Point of Supply* fuera del rango. Aquí tenemos por un lado el movimiento de test tras la rotura (el evento de confirmación, el *Fall Through the Ice*); y por otro lado todos los retrocesos que encontramos durante la fase de tendencia bajista fuera del rango.

Después de romper el Ice (soporte) con una muestra de debilidad (*Sign Of Weakness*), queremos ver un movimiento alcista con rangos del precio estrechos, lo que denotaría la dificultad del mercado por seguir subiendo. Preferiblemente esperaremos que el volumen sea bajo, indicando falta de interés por parte de los compradores; pero hay que estar atentos porque un volumen alto podría señalarnos un aumento del interés vendedor por entrar de nuevo en corto en dicha zona.

Los *Last Point of Supply* son buenos sitios para iniciar o añadir posiciones cortas ya que se tratan de las últimas ondas de distribución antes de que comience un nuevo impulso bajista.

El precio alcanzado en el *Last Point of Supply* en ocasiones coincidirá con el nivel sobre el que apareció el *Preliminary Supply*. Esto es así porque en caso de que la estructura sea distributiva, es sobre el *Preliminary Supply* donde comenzó la distribución inicialmente.

PARTE 5 – LAS FASES

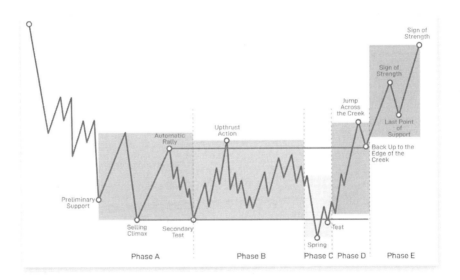

El análisis de fases nos ayuda a estructurar los procesos de acumulación y distribución proveyéndonos del contexto general del mercado. Una vez identificado el contexto general, estaremos en predisposición de esperar a que ocurra una cosa en vez de otra.

El contexto es una característica muy importante de la metodología Wyckoff, y le otorga una importante ventaja con respecto a otros enfoques de análisis técnico. Por ejemplo, puede que un operador basado en análisis técnico tradicional vea una resistencia y busque entrar cortos sobre dicha área esperando un giro bajista del mercado; mientras que un operador Wyckoff que ha sabido identificar correctamente las fases y analizar las dinámicas del precio dentro del rango, puede que haya establecido una mayor probabilidad de que el precio rompa de forma efectiva esa resistencia al alza y podría incluso plantearse comprar esperando el inicio de la tendencia alcista fuera del rango.

Dentro de la metodología Wyckoff tenemos cinco fases: de la A a la E, y cada una de ellas tiene una función única:

- **Fase A**. Parada de la tendencia previa.

- **Fase B**. Construcción de la causa.

- **Fase C**. Test.

- **Fase D**. Tendencia dentro del rango.

- **Fase E**. Tendencia fuera del rango.

Mediante el análisis del precio y el volumen podremos identificar correctamente cuándo comienzan y finalizan cada una de las fases. Es muy importante que el análisis hasta el momento actual sea correcto ya que será la única manera de aprovecharnos del mensaje que subyace en su desarrollo.

Las fases se basan en que todas las campañas (acumulaciones y distribuciones) requieren de un determinado tiempo hasta su compleción. Durante este tiempo, el precio desarrolla las estructuras que ya conocemos. La potencia del análisis de fases se encuentra en que estas estructuras siguen generalmente unos patrones repetitivos en su desarrollo. Esto quiere decir que, si somos capaces de identificar correctamente qué está sucediendo (acumulando o distribuyendo), estaremos más cerca de plantear unos escenarios con mayor probabilidad de éxito.

Fase A: Parada de la tendencia previa

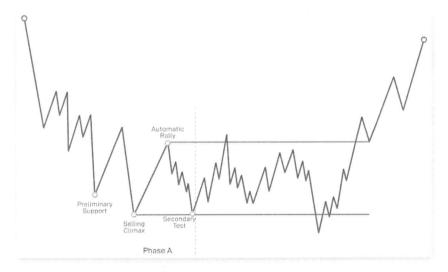

La principal función de esta fase es detener el movimiento tendencial previo y retornar al mercado a un estado de equilibrio entre las fuerzas de la oferta y la demanda, o entre compradores y vendedores. Pasamos de un contexto de tendencia a un contexto de rango.

La Fase A está compuesta por los primeros cuatro eventos:

- *Preliminary Support* o *Preliminary Supply*.

- *Selling Climax* o *Buying Climax*.

- *Automatic Rally* o *Automatic Reaction*.

- *Secondary Test*.

Previamente al inicio de esta primera fase, el mercado se encuentra controlado por alguno de los dos lados. Como sabemos, un control de los vendedores se representará como una tendencia bajista, y un control de los compradores como una tendencia alcista.

El precio puede que esté alcanzando niveles interesantes donde los grandes participantes comienza a ver valor. Es decir, ven un potencial beneficio con la diferencia que han encontrado entre el precio que ellos asignan en base a sus valoraciones y el precio actual. Es el momento de comenzar a desarrollar la campaña de absorción.

Pero nosotros no podremos identificar esta señal de verdadero interés hasta que aparezcan los primeros eventos de la metodología. La Parada Preliminar con su pico de volumen ya nos alerta de un aumento de participación y de un posible cierre masivo de posiciones. Lo más probable es que los grandes operadores hayan comenzado a vislumbrar una condición sobreextendida en el precio y comienzan a tomar beneficios.

El Climax, que aunque como sabemos también puede aparecer sin volumen climático (Selling Exhaustion y Buying Exhaustion), nos identifica uno de los extremos de la estructura y su acción es muy relevante para terminar de agotar a quien hasta entonces mantenía el control del mercado.

La aparición de la Reacción es uno de los eventos que más información transmite ya que nos confirma que algo está sucediendo. El precio venía previamente en una prolongada tendencia y esta reacción es la primera vez que deja ver con relativa significancia que comienza a haber un interés en el otro lado.

Con el Test se pone fin a esta primera fase dando inicio a partir de ahí al desarrollo de la Fase B.

La Fase A, sobre todo nos va a resultar de utilidad al objeto de gestión de la posición; es decir, cuando estamos dentro del mercado con una posición abierta. El completo desarrollo de esta Fase A nos indicará que es buen momento para cerrar dicha posición. Pero la Fase A no será operativamente útil al objeto de buscar nuevas operaciones, ya que en cualquier etapa de su desarrollo la incertidumbre es total acerca de si realmente es un nuevo rango o no.

Este es el principal problema que presenta la identificación de la Fase A, que hasta ese momento en el que se desarrolla el Secondary Test no podemos saber si realmente se ha producido un cambio de carácter y el mercado pasará a moverse lateralmente a partir de ahí, o si simplemente se trata de una consolidación breve para continuar en la dirección de la tendencia.

Para intentar solventar este problema debemos observar con juicio crítico estos primeros cuatro eventos, pero sobre todo:

• Deberíamos identificar algún tipo de volumen climático, ya sea en la parada preliminar o en el clímax. Esta es la única representación de actividad profesional, que es justo lo que estamos buscando; luego ya tendremos tiempo de discernir de si se trata de un posicionamiento a favor o en contra de ese movimiento.

• El evento de reacción es clave. La única manera que tenemos para desechar la posibilidad de que se trate de una simple consolidación que continuará posteriormente a favor de la tendencia precedente es que esa reacción sea un movimiento que llame poderosamente la atención, que sea de un tamaño no visto previamente durante el transcurso de dicha tendencia.

• Hay que esperar sí o sí a que tenga lugar cierto desarrollo de la Fase B. Esta lateralización será la señal definitiva que nos confirmará el cambio de estado del mercado.

FASE B: CONSTRUCCIÓN DE LA CAUSA

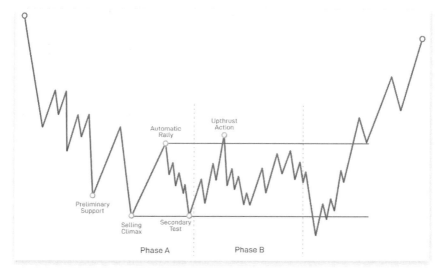

Tras el **Secondary Test** se inicia la Fase B, cuya intención es la construcción de la causa con el objetivo de preparar el subsiguiente efecto.

La Fase B está compuesta por los sucesivos test (Secondary Test in B) que se podrán producir tanto al extremo superior como inferior de la estructura:

- *Upthrust Action* o *Upthrust*.
- *Secondary Test as Sign of Weakness* o *minor Sign Of Weakness*.

Durante esta fase el mercado se encuentra en equilibrio y es aquí donde los grandes profesionales aprovechan para absorber la mayor parte de la liquidez que requieren antes de finalizar la campaña.

En términos proporcionales queremos que esta fase sea mayor que las Fases A y C. Esta es una pauta general ya que, aunque habrá ocasiones en que las fases serán de igual o incluso menor duración (como los cuatro esquemas rápidos ya vistos), lo más probable es que nos encontremos con que se cumple este tipo de proporcionalidad temporal.

En caso de que dicha proporcionalidad no se cumpla; es decir, que la Fase B tenga una duración menor que la Fase A o C, denotará una urgencia por parte de los operadores y añade una mayor fortaleza al movimiento tendencial que le siga. No deberíamos desechar tales oportunidades y en caso de encontrarnos en alguna posición primaria se podría valorar la posibilidad de entrar al mercado aunque estemos ante un proceso rápido de acumulación o distribución. Todo seguirá estando supeditado a la dinámica de la acción del precio y el volumen que hayamos analizado dentro de esa estructura.

Como introdujimos en el último punto de la Fase A, el desarrollo de esta Fase B será la huella definitiva que nos confirmará el cambio de carácter. Una vez que veamos cierta lateralización tras la parada, la principal lectura que deberíamos hacer es que ya nos encontramos sin ningún tipo de duda ante una estructura analizable bajo los principios de la metodología Wyckoff.

Cuando estemos rastreando el mercado en búsqueda de oportunidades, este contexto es el que deberíamos estar buscando: que el activo se encuentre ya en mitad de esta lateralización. En ese punto el mercado ya habrá desarrollado la Fase A de alguna manera y lo objetivo es que nos encontramos construyendo la causa del subsiguiente movimiento. Es aquí donde queremos estar. A partir de ahí podemos hacerle un seguimiento más activo a dicho activo y estar preparados para esperar a que aparezca la sacudida.

Y esta es otra de las ventajas de esta Fase B, la proporcionalidad de fases. Ser conscientes de esperar a que se cumpla esta proporcionalidad temporal es de vital importancia ya que nos pondrá en disposición de esperar, a partir de ese momento, que pueda suceder la sacudida final que desequilibrará definitivamente el mercado en una u otra dirección.

FASE C: TEST

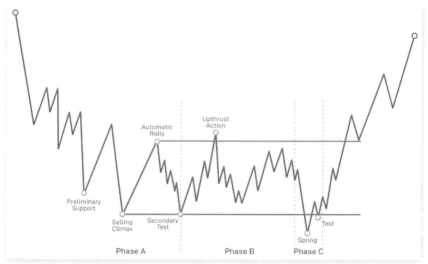

La Fase C da comienzo con el inicio del movimiento de sacudida y finaliza tras el test del mismo.

En esta fase, el dinero inteligente, los grandes profesionales bien informados comprueban el nivel de interés que tienen el resto de participantes del mercado sobre ciertos niveles del precio.

Está compuesta por el evento de **Sacudida**:

* *Spring/Shakeout.*

* *UpThrust After Distribution (UTAD).*

Antes de iniciar el movimiento tendencial, lo más probable es que desarrollen esta acción de sacudida con el objetivo de verificar que prácticamente no quedan operadores dispuestos a entrar en la dirección opuesta y que por tanto el camino de la menor resistencia se encuentra a su favor.

Si observan una alta participación en dicha zona querrá decir que aún hay interés en el lado opuesto, no han absorbido todo la liquidez disponible y por tanto el control del mercado todavía no está desequilibrado hacia uno de los lados (compradores o vendedores). Bajo esta circunstancia pueden suceder dos cosas:

• Que los grandes operadores den por fallida la campaña. No tienen un gran compromiso por rotar el mercado y cambiar de dirección. Esto provocará que el precio continúe en la misma dirección que la tendencia precedente, lo que dejaría un esquema reacumulativo o redistributivo.

• Que se siga alargando la Fase B hasta que se produzca una completa absorción. Las valoraciones de los agentes estarán claramente fuera de esa zona de equilibrio y harán todo lo posible por agotar a los participantes que están interesados en operar en la dirección opuesta. En este caso el precio necesitará realizar sucesivos tests a las zonas operativas hasta verificar la falta de interés.

Un aspecto muy importante a tener en cuenta que puede suceder en esta fase es que no necesariamente el evento de sacudida barrerá los extremos de la estructura. Que lo haga es lo ideal ya que cuanto mayor sea este movimiento, mayor liquidez habrá sido capaz de capturar y por tanto más "gasolina" tendrá el movimiento posterior. Pero también puede darse el caso en que se realice una sacudida sin alcanzar los extremos. Seguiríamos estando ante el evento de Test en Fase C y podríamos etiquetar dicha acción como sacudida menor actuando en función de LPS/LPSY.

En cualquier caso las etiquetas no son realmente importantes. Debemos pensar sobre todo en términos funcionales y lo que realmente nos interesa es conocer qué está sucediendo realmente. Nos sirve de poco saber cómo la metodología etiqueta las acciones del mercado si no entendemos en profundidad lo que subyace tras cada una de ellas.

FASE D: TENDENCIA DENTRO DEL RANGO

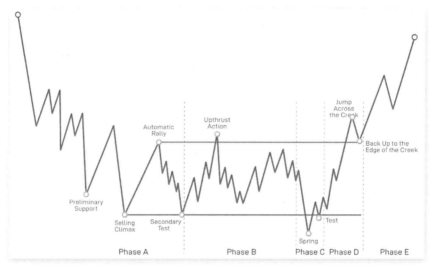

El inicio de esta fase se encuentra tras la finalización del test de la sacudida y hasta que se desarrolla por completo el evento de confirmación.

La Fase D está compuesta por los eventos de **Rotura** y **Confirmación**:

• *Sign of Strength/Jump Across the Creek* o *Sign of Weakness.*

• *Last Point of Support/Back Up to the Edge of the Creek* y *Last Point of Supply.*

Sin oposición a la vista, el camino de la menor resistencia está claro. El mercado se encuentra en desequilibrio y esto se observa en el gráfico mediante el desarrollo del evento de rotura.

Si estamos acertados en el análisis, tras el clave evento de sacudida el precio debería ahora desarrollar un claro movimiento tendencial dentro del rango con velas amplias y aumento en el volumen para provocar la ruptura efectiva de la estructura.

Los extremos de las estructuras son la última barrera que hay que superar para concluir que uno de los lados tiene el control definitivo. Si el precio llega a esa zona, interactúa con la liquidez que hay ubicada allí pendiente de ejecutar y se encuentra una oposición demasiado elevada (todavía hay muchos operadores dispuestos a operar en contra de dicho movimiento), nos deja tres posibles escenarios.

• Puede que el precio retroceda de nuevo desarrollando un *Last Point of Support/Supply* dentro del rango antes de volver a atacar dicha zona. La mayor parte de los participantes siguen estando interesados en esa dirección pero por algún motivo aún quedan operadores dispuestos a operar en la dirección opuesta. El precio puede que reingrese de nuevo al rango y comience a fluctuar sobre dicho extremo de la estructura. Los participantes interesados en la dirección opuesta no tendrán la capacidad suficiente de empujar al pecio casi ni a la mitad del rango, lo que seguiría señalando cierto control a favor de los operadores que desarrollaron el intento de rotura. Si no se añade nueva información que pueda cambiar las valoraciones de los agentes, en un futuro próximo intentarán de nuevo la ruptura efectiva de dicha zona.

• Que los grandes operadores que han construido previamente la campaña decidan pagar el precio que les costará atravesar dicha zona e inicien desde ahí el movimiento de ruptura, absorbiendo todas esas órdenes a un peor precio. Esta acción se evidenciaría sobre el gráfico con un aumento significativo en el volumen. Se trata de la misma acción que la descrita anteriormente pero con la diferencia de que en vez de retroceder hasta agotar a estos operadores, realizan la ruptura efectiva absorbiendo agresivamente toda la liquidez disponible, lo que denota mayor urgencia por empujar el precio en esa dirección y añade mayor confianza al desarrollo de la estructura.

• Que el intento de ruptura fracase y se desarrolle en su lugar una nueva sacudida, un nuevo Test en Fase C que provocaría la ruptura efectiva hacia el lado opuesto. Si el precio estructuralmente se ha ido desarrollando según lo planeado, esta posibilidad debería ser la menos probable que suceda, pero debemos ser conscientes de ella y tenerla en mente. Lo que sucede en este caso es que simplemente no hemos sabido identificar correctamente hacia qué dirección se estaba ejecutando el proceso de absorción; o que simplemente haya aparecido nueva información sobre el valor que haya cambiado las valoraciones de los agentes en ese momento provocando una sucesión de acciones que tendrán como resultado la reversión del mercado en esa zona.

Debemos tener en cuenta que el mercado es una lucha entre grandes profesionales, entre fondos e instituciones con todo tipo de intereses. Un punto importante a señalar es que no todas las instituciones que operan en los mercados financieros ganan dinero. Lo cierto es que un gran número de ellos son igual de perdedores que la gran mayoría de operadores minoristas. Estas instituciones perdedoras son las víctimas favoritas de los grandes operadores ya que manejan cantidades importantes de capital y sirven como suculentos proveedores de liquidez para los operadores bien informados.

Si la rotura se desarrolla con relativa facilidad y las señales que dejen el precio y el volumen así lo indican, buscaremos entonces que se desarrolle el evento de confirmación. Para éste, tal y como ya hemos comentado, es primordial que el precio aguante al otro lado de la estructura y no se genere una reentrada inmediata. Además de esto, buscaremos que ese movimiento de test se genere con poco interés.

FASE E: TENDENCIA FUERA DEL RANGO

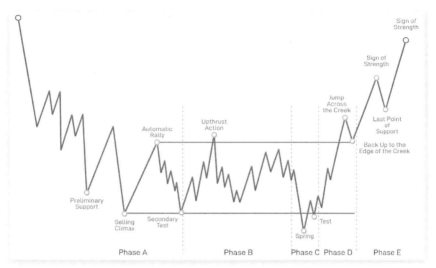

Esta fase da inicio tras el evento de confirmación.

Si el test tras la rotura fue exitoso y no aparecieron operadores en la dirección contraria, se puede confirmar definitivamente que uno de los lados tiene el control absoluto del mercado y por tanto sólo deberíamos buscar operar en esa dirección.

Esta Fase está compuesta por una sucesión de movimientos impulsivos y correctivos:

- *Sign of Strength* o *Sign of Weakness*.

- *Last Point of Support* o *Last Point of Supply*.

El precio abandona la estructura sobre la que ha estado construyendo la causa previamente y comienza una tendencia como efecto de la misma. Este hecho de rotura y confirmación exitosos es la gran advertencia de que los grandes profesionales está posicionados en esa dirección.

Según avanza la tendencia debemos poner en marcha todas las herramientas para la evaluar su fortaleza o debilidad: tipo de tendencia, velocidad, profundidad y proyección de los movimientos. Este contenido se trata en detalle en el apartado sobre acción del precio de mi primer libro "Trading e Inversión para principiantes".

Analizar correctamente estas huellas nos pondrá en posición de saber cuándo es buen momento para buscar una entrada a favor de la tendencia (huellas que nos denoten fortaleza) y cuando es mejor quedarse fuera del mercado (huellas que evidencien debilidad en el movimiento) para evitar entrar en el lado equivocado e incluso plantear la posibilidad de buscar operaciones contra tendencia (huellas que denoten reversión de la tendencia).

La identificación de esta Fase E es importante porque nos pondrá en contexto de estar buscando únicamente operaciones a favor de tendencia. Posteriormente, en el apartado de posiciones primarias podremos ver qué tipo de entradas podemos hacer según el contexto y la zona operativa en que nos encontremos.

PARTE 6 - LAS ESTRUCTURAS

C onsciente de que es prácticamente imposible que el precio desarrolle dos estructuras idénticas, el enfoque que propone la metodología Wyckoff es flexible a la hora de analizar el mercado.

Los mercados financieros son un ente vivo, están en constante cambio debido a su continua interacción entre compradores y vendedores. Es por esto que sería un error utilizar patrones o esquemas fijos para tratar de leer el contexto del mercado. No tendría ningún sentido aproximarse al mercado pensando que éste debe comportarse tal y como establecen los esquemas de las estructuras que estudiaremos.

La realidad es que todo momento es único y será distinto a otro futuro ya que es prácticamente imposible que se puedan dar en dos momentos distintos unas mismas circunstancias. Para que dos estructuras se desarrollen completamente iguales deberían estar los mismos participantes en ambos momentos y además, comportarse exactamente de la misma manera, cosa imposible.

El precio puede desarrollar diferentes tipos de estructuras dependiendo de las condiciones en las que se encuentre. Es por esto que se hace necesario un enfoque que le dé cierta flexibilidad a los movimientos del precio pero que al mismo tiempo se rija por ciertos elementos fijos que proporcionen la mayor objetividad posible a la lectura final. Estos aspectos fijos de la metodología son los eventos y fases que componen el desarrollo de las estructuras.

Es importante mantener una mentalidad abierta e intentar ir un paso más allá a la hora de profundizar en el entendimiento de la metodología. El objetivo es poder identificar el desarrollo de una estructura aunque no tenga un aspecto ideal. En muchas ocasiones podremos trabajar en tiempo real con estructuras que se adaptan muy genuinamente a las estructuras clásicas estudiadas, pero habrá otras ocasiones en que esto no será así.

Y esto no debería ser motivo de desilusión. Los operadores Wyckoff avanzados entienden que esos procesos de acumulación y distribución se pueden presentar de distinta forma dependiendo de cuán equilibrado o desequilibrado esté el mercado a favor de compradores y vendedores.

Esta es la clave de todo. En base a la condición del mercado en ese momento (quién tenga mayor control), el precio desarrollará un tipo de estructura u otra.

ESTRUCTURAS HORIZONTALES

A continuación presentamos dos esquemas básicos de acumulación y distribución junto con un breve glosario de términos para proporcionar una idea muy general de la dinámica en la que se mueve el precio bajo las premisas de la metodología Wyckoff.

Como bien acabamos de decir, estos esquemas se pueden considerar como los ideales. Lo importante es tener en cuenta que el mercado no siempre los presentará de esta misma forma.

Esquema Básico de Acumulación #1

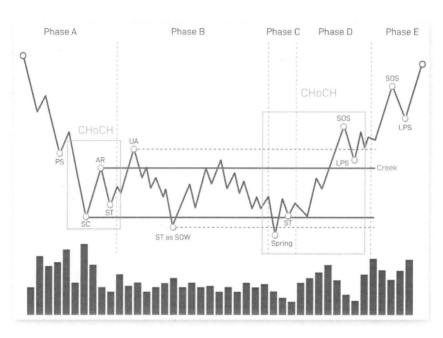

Creek. Nivel de resistencia para las estructuras de acumulación o reacumulación. Es establecido por el máximo que genera el *Automatic Rally* y por los máximos que se puedan desarrollar durante la Fase B.

CHoCH. *Change of Character*. Cambio de carácter. Nos señala el entorno en el que próximamente se moverá el precio. El primer CHoCH se establece en la Fase A donde el precio pasa de un entorno tendencial bajista a un entorno de consolidación. El segundo CHoCH se establece desde el mínimo de la Fase C hasta el máximo del SOS en el que el precio pasa de un entorno de consolidación a un entorno tendencial alcista.

Fase A. Parada de la tendencia bajista previa.

- **PS**. *Preliminary Support*. Soporte preliminar. Es el primer intento por frenar el movimiento bajista que siempre fracasará.

- **SC**. *Selling Climax*. Climax de ventas. Acción climática que detiene el movimiento bajista.

- **AR**. *Automatic Rally*. Reacción alcista. Movimiento alcista que establece el máximo del rango.

- **ST**. *Secondary Test*. Test del nivel de oferta en relación a la acción climática. Establece el final de la Fase A y el inicio de la Fase B.

Fase B. Construcción de la causa.

- **UA**. *Upthrust Action*. Rotura temporal de la resistencia y reingreso al rango. Se trata de un test al máximo generado por el AR.

- **ST as SOW**. *Secondary Test as Sign Of Weakness*. Muestra de debilidad en función de test. Rotura temporal del soporte y reingreso al rango. Se trata de un test al mínimo generado por el SC.

Fase C. Test.

- **SP**. *Spring*. Sacudida bajista. Se trata de un test en forma de rotura de los mínimos de las Fases A y B. Existen tres tipos diferentes de Springs.

- **Test del Spring**. Movimiento bajista hacia mínimos del rango con el objetivo de comprobar el compromiso de los vendedores.

- **LPS**. *Last Point of Support*. Último nivel de apoyo de la oferta. Test en forma de movimiento bajista que no logra alcanzar el mínimo del rango.

- **TSO**. *Terminal Shakeout* o *Shakeout*. Sacudida final. Brusco movimiento de rotura de mínimos que producen una profunda penetración del nivel de soporte y una rápida recuperación.

Fase D. Tendencia alcista dentro del rango.

- **SOS**. *Sign of Strength*. Señal de fortaleza. Movimiento alcista generado tras el evento de Test de la Fase C que logra alcanzar la parte alta del rango. También llamado JAC. (*Jump Across the Creek*).

- **LPS**. *Last Point of Support*. Último nivel de apoyo de la oferta. Son los mínimos crecientes que encontramos en el movimiento alcista hacia la resistencia.

- **BU**. *Back Up*. Se trata de la última gran reacción antes de comenzar el mercado alcista. También llamado BUEC (*Back Up to the Edge of the Creek*).

Fase E. Tendencia alcista fuera del rango. Sucesión de SOS y LPS generando una dinámica de máximos y mínimos crecientes.

Esquema Básico de Acumulación #2

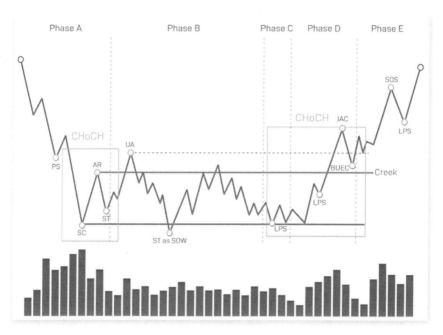

Segunda variante de la metodología en la que el evento de test en Fase C no logra alcanzar los mínimos de la estructura.

Generalmente se produce debido a que las condiciones actuales del mercado denotan fortaleza de fondo.

El objetivo del precio es ir a visitar esa zona de liquidez pero los grandes operadores soportan el mercado entrando agresivamente en compra. No permiten que baje más el precio para que nadie más pueda comprar más abajo.

Este tipo de rangos son más complicados de identificar ya que al no poder valorar esa acción de sacudida, el planteamiento alcista pierde un punto de confianza.

La zona primaria de trading es en el potencial *Spring*; entonces, al comprar en un posible LPS siempre se nos presentará la duda de si, como es lo más probable, el precio visitará primero esa zona de mínimos para desarrollar el *Spring* antes de iniciar el movimiento tendencial alcista.

La consecuencia operativa de este tipo de esquema sin sacudida es que esa primera muestra de fortaleza alcista que se produce desde el mínimo del LPS y hasta la rotura del rango generalmente se pierde.

Entonces, la única oportunidad de compra viable en este tipo de estructura la encontramos al BUEC, en el test tras la ruptura. Es aquí donde debemos prestar más atención para buscar la entrada en largos.

Esquema Básico de Distribución #1

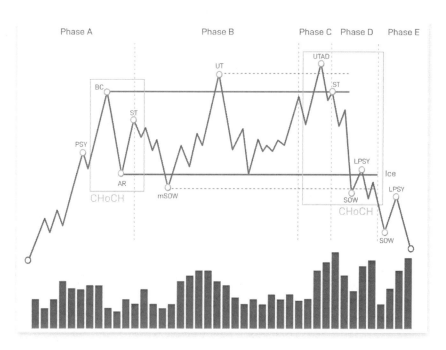

ICE. Nivel de soporte para las estructuras de distribución o redistribución. Es establecido por el mínimo que genera el *Automatic Reaction* y por los mínimos que se puedan desarrollar durante la Fase B.

CHoCH. *Change of Character*. Cambio de carácter. Nos señala el entorno en el que próximamente se moverá el precio. El primer CHoCH se establece en la Fase A donde el precio pasa de un entorno tendencial alcista a un entorno de consolidación. El segundo CHoCH se establece desde el máximo de la Fase C hasta el mínimo del SOW en el que el precio pasa de un entorno de consolidación a un entorno tendencial bajista.

Fase A. Parada de la tendencia alcista previa.

- **PSY**. *Preliminary Supply*. Resistencia preliminar. Es el primer intento por detener la subida que siempre fracasará.

- **BC**. *Buying Climax*. Clímax de compras. Acción climática que detiene el movimiento alcista.

- **AR**. *Automatic Reaction*. Reacción bajista. Movimiento bajista que establece el mínimo del rango.

- **ST**. *Secondary Test*. Test del nivel de demanda en relación a la acción climática. Establece el final de la Fase A y el inicio de la Fase B.

Fase B. Construcción de la causa.

- **UT**. *Upthrust*. Mismo evento que UA de acumulación. Rotura temporal de la resistencia y reingreso al rango. Se trata de un test al máximo generado por el BC.

- **mSOW**. *minor Sign of Weakness*. Muestra de debilidad menor. Mismo evento que ST as SOW de acumulación. Rotura temporal del soporte y reingreso al rango. Se trata de un test al mínimo generado por el AR.

Fase C. Test.

- **UTAD**. *Upthrust After Distribution*. Sacudida alcista. Se trata de un test en forma de rotura de los máximos de las Fases A y B.

- **Test del UTAD**. Movimiento alcista que sube para comprobar el nivel de compromiso de los compradores tras el UTAD.

Fase D. Tendencia bajista dentro del rango.

- **MSOW**. *Major Sign of Weakness*. Muestra de debilidad mayor. Movimiento bajista originado tras el UTAD que logra alcanzar la parte baja del rango generando un cambio de carácter.

- **LPSY**. *Last Point of Supply*. Último nivel de apoyo de la demanda. Son los máximos decrecientes que encontramos en el movimiento bajista hacia el soporte.

Fase E. Tendencia bajista fuera del rango. Sucesión de SOW y LPSY generando una dinámica de máximos y mínimos decrecientes.

Esquema Básico de Distribución #2

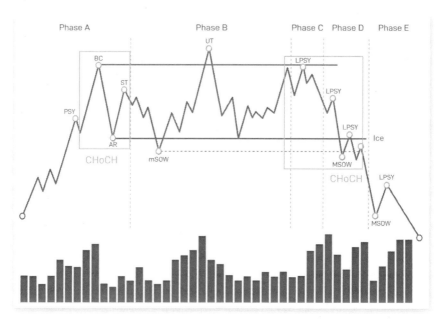

Segunda variante de la metodología en la que el evento de test en Fase C no logra alcanzar los máximos de la estructura.

Razonamiento inverso que para el ejemplo del esquema acumulativo #2. Denota una mayor debilidad de fondo. El precio intenta alcanzar la liquidez que hay en máximos pero los grandes operadores que ya están posicionados cortos lo impiden.

La ausencia de la sacudida nos provoca una pérdida de confianza en el planteamiento bajista ya que siempre tendremos la duda de si el precio irá a realizar la sacudida a máximos antes de generar el desequilibrio hacia abajo.

Si mantenemos un perfil conservador en nuestra operativa y buscamos siempre la aparición de la sacudida alcista , el primer movimiento impulsivo bajista lo perdemos; quedando la única oportunidad en el test tras la ruptura (LPSY).

ESTRUCTURAS CON PENDIENTE

Inicialmente se han presentado como esquemática básica las estructuras con desarrollo horizontal. Son las más fáciles de identificar y para el operador que empieza a profundizar por primera vez en la metodología Wyckoff recomendaría trabajar este tipo de esquemas casi con exclusividad.

A continuación pasamos a estudiar algunos tipos de estructuras con pendiente. Aunque ciertamente son estructuras más difíciles de ver, en realidad se desarrollan exactamente igual que las estructuras horizontales. Haz una prueba; coge alguno de los ejemplos y mentalmente intenta girar la imagen hasta encajar la estructura como si fuera horizontal. Verás que el comportamiento general, eventos y fases tienen un desarrollo idéntico a los rangos horizontales. El único elemento que varía es la condición del mercado, y es que habrá situaciones en las que o bien los compradores o bien los vendedores tendrán de inicio un mayor control.

De forma general vamos a quedarnos con que una estructura con pendiente alcista nos sugiere cierta fortaleza de fondo, es decir, un mayor control de los compradores; y que la estructuras con pendiente bajista cierta debilidad, mayor control de los vendedores.

Inicialmente, al identificar la Fase A de parada estableceremos los límites del rango de forma horizontal. Si observamos que en Fase B el precio no respeta dichos extremos y comienza a moverse fuera de la estructura, será el momento para empezar a pensar en una posible estructura con pendiente. Conectaremos dichos extremos y observaremos si realmente el precio respeta los límites de dicha estructura.

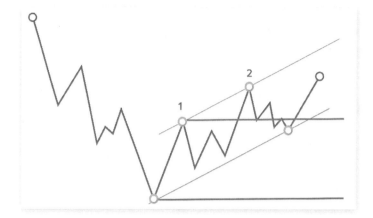

En otras ocasiones simplemente abriremos un gráfico y será muy visual cómo el precio ha respetado los extremos de una estructura con pendiente. Conecta los mínimos y máximos de las Fases A, B y C. Puedes dibujar un extremo primero y clonar la línea en el extremo opuesto. Lo importante es que el canal contenga prácticamente la totalidad de la acción del precio dentro de él. Cuantos más toques tengan dichos extremos, mayor fortaleza de que dicha estructura está siendo respetada.

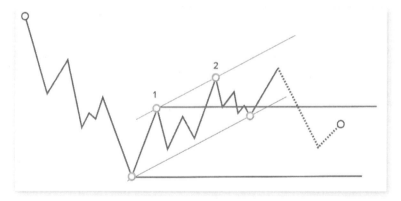

Es relevante destacar que no necesitamos ver unos toques perfectos del precio en dichos extremos para determinar que el precio está trabajando esa estructura. No es necesario que sea algo totalmente preciso, la clave es que debería ser algo que salte a la vista y que nos permita conectar todos los extremos aunque fuese necesario dibujar una zona de cierta anchura, en vez de una línea.

De igual manera siempre recomendaría no desechar por completo los niveles horizontales. Particularmente me ofrecen una mayor confianza y cabe la posibilidad de que el precio reingrese en la estructura original y podamos seguir trabajándola.

Las posibles estructuras con pendiente que podemos encontrar serán cuatro:

- Estructura de acumulación con pendiente alcista.

- Estructura de acumulación con pendiente bajista.

- Estructura de distribución con pendiente bajista.

- Estructura de distribución con pendiente alcista.

Estructura de Acumulación con Pendiente Alcista

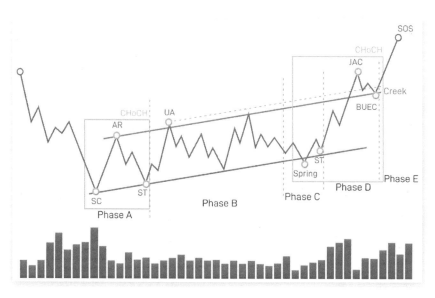

Es la variante que mayor fortaleza de fondo denota. Tras la Fase A de parada, el precio comienza a fluctuar hacia arriba y hacia abajo durante el desarrollo de la estructura observándose claramente una serie de máximos y mínimos crecientes.

Los compradores tienen cierta agresividad, valoran el precio del activo en niveles superiores y no permiten que caiga a zonas de sobreventa con tal de proteger su posición.

Estas estructuras no son fáciles de operar principalmente porque a la superación de cualquier máximo previo nos parecerá que estamos ante una potencial sacudida que hará girar el mercado hacia abajo. Pero en realidad es la propia naturaleza del movimiento: impulsos y retrocesos.

Y esta impresión la tendremos aún más presente en la zona de potencial BUEC. Aunque se trata de la entrada más conservadora y que nos otorga una mayor seguridad, visualmente observamos al precio cotizar en niveles muy altos y no nos parece (subjetivamente) un óptimo punto de entrada.

El mercado, ajeno a todo esto, seguirá su curso y si realmente se trata de un proceso de acumulación iniciará desde ahí el movimiento tendencial fuera del rango en búsqueda de niveles superiores de liquidez.

Este ejemplo del Bitcoin es muy instructivo, podemos identificar uno de los conceptos que estudiaremos más adelante: el fallo estructural de fortaleza.

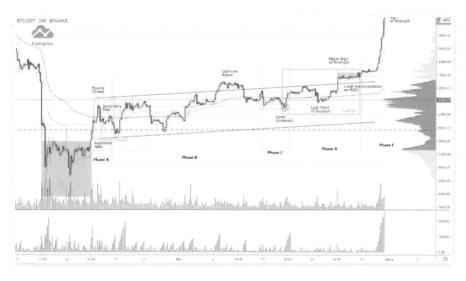

Vemos como tras la abrupta caída, el precio acumula rápidamente (caja verde) para iniciar unos niveles más arriba una nueva estructura.

Este hecho ya es en sí una muestra de fortaleza de fondo. Vemos que hay un volumen muy alto operado en esa caída y el hecho de ver una reacción posterior al alza ya nos sugiere que al menos en principio el sentimiento es alcista. Si analizando el contexto vemos que por debajo del precio actual hay volúmenes altos. La interpretación más sencilla es que en tal volumen han entrado agresivamente los compradores, de otra manera el precio no se podría haber desplazado al alza.

Otras huellas interesantes que nos sugerían acumulación es la disminución del volumen durante el desarrollo de la estructura y la predominancia de las ondas alcistas del indicador Weis.

Además de esto, el elemento clave que marca un antes y un después en la lectura del control en esa estructura lo tenemos en la acción de *Upthrust*. En la parte alta de la estructura desarrolla un esquema menor de distribución. Este esquema podría perfectamente haber actuado en función de UTAD y provocar la ruptura bajista. Este es el comportamiento que esperamos que suceda después de una sacudida, pero lo que vemos es una incapacidad total por caer. Tras ese esquema menor distributivo el precio no logra ni alcanzar la parte baja de esa estructura con pendiente alcista que viene trabajando, y esto no es más ni menos que un fallo estructural de fortaleza.

Seguidamente desarrolla un shakeout interno que actúa como evento de Test en Fase C provocando el desequilibrio final y continuación al alza.

También a destacar la ubicación del *High Volume Node* y el VPOC de la estructura, como el precio es incapaz de atravesar esta zona de alta negociación sugiriendo así el control de los alcistas. Para no perderte detalle de todo lo que rodea la herramienta del Volume Profile y su integración con la metodología Wyckoff te recomiendo el estudio de mi último libro "Wyckoff 2.0: Estructuras, Volume Profile y Order Flow".

Aquí vemos otro ejemplo de esquema acumulativo con pendiente alcista. En este caso la pendiente es bastante pronunciada lo cual nos sugiere que la condición actual del mercado es de bastante fortaleza.

Vemos la parada definitiva sin volumen climático (*Selling Exhaustion*) y como a partir de ahí el precio comienza una clara sucesión de máximos y mínimos crecientes. Volumen decreciente durante el desarrollo de las Fases A y B sugiriendo absorción. Encuentra dificultad al posicionarse por encima del *High Volume Node* pero una vez que lo consigue después del *Shakeout* continúa mostrando fortaleza y logra romper al alza con buenas velas alcistas (SOSbar).

Muy interesante como el *Back Up* lo desarrolla sobre la parte alta de la estructura (Creek) en confluencia con un nivel operativo de volumen (VWAP semanal).

Estructura de Acumulación con Pendiente Bajista

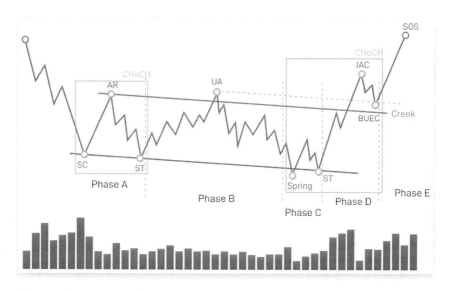

Es la variante acumulativa que mayor debilidad presenta. La pendiente bajista, esa dinámica de máximos y mínimos decrecientes, ya nos denota un control total de los operadores bajistas. La debilidad es latente pero aun así finalmente aparecen los compradores y provocan el desenlace acumulativo.

Tras observar la aparición de los primeros eventos de parada de la tendencia, la debilidad será tan alta que el mercado no podrá aguantar el desarrollo de una estructura horizontal y en su lugar comenzarán a verse muestras de debilidad que generarán mínimos cada vez más bajos.

Estructuralmente el precio respetará la dinámica bajista, fluctuando entre los extremos superiores e inferiores del canal. Los nuevos mínimos recorrerán una distancia cada vez menor observándose visualmente un patrón muy común de agotamiento de la tendencia (*Shortening Of the Thrust*)

Además, muy posiblemente el mercado desarrollará algún tipo de fallo estructural donde en un momento determinado el precio abandona la dinámica que le llevaría a visitar la parte baja de la estructura y en su lugar encuentra soporte en algún lugar intermedio. Posiblemente haya hecho suelo y esté preparado para iniciar el movimiento tendencial alcista.

Lo que confirmaría el patrón *Shortening Of the Thrust* y el fallo estructural sería que el precio desarrollara ahora un fuerte impulso alcista. Preferiblemente querremos ver cómo este impulso rompe la estructura bajista de forma efectiva cambiando la dinámica del mercado. Ahora sería el momento de esperar un retroceso bajista para buscar incorporarnos a favor del desequilibrio provocado por los compradores.

En este ejemplo vemos cómo está respetando el precio los extremos girando hacia arriba y hacia abajo. Como ya hemos dicho, la identificación de este tipo de estructuras es subjetiva por lo que deberían ser muy visuales y nada forzadas. La idea es que contengan la mayor parte de la acción del precio.

Un detalle a destacar en este gráfico es cómo actúa el VWAP mensual. Se trata del nivel dinámico más oscuro y como se puede apreciar el precio reacciona sobre él cada vez que lo alcanza. Desde el primer toque en el *Secondary Test*, el precio se mantiene constantemente por encima de él, huella que nos sugeriría cierto control por parte de los compradores.

Como siempre, el evento clave es la sacudida total que provoca el desarrollo del efecto construido en esa causa. Tras dicho *Shakeout* el precio desarrolla un *Last Point of Support* por encima del VPOC de la estructura, a lo que le sigue el JAC y el Back Up que de nuevo va a buscar una zona de confluencia (VWAP semanal y Value Area High) para desde ahí continuar el desarrollo en Fase E fuera del rango.

En el siguiente ejemplo observamos otra clara estructura acumulativa con pendiente bajista llena de detalles.

Tras la parada en Fase A vamos como el precio principalmente cotiza en la parte baja del rango siendo incapaz de realizar algún tipo de test a la parte alta, lo cual nos sugiere cierta debilidad de fondo. Poco a poco el volumen decrece con respecto al visto en el *Selling Climax* y tras la aparición del *Shakeout* una muestra de fortaleza es capaz ahora de enviar el precio a la parte alta (*minor Sign of Strength*).

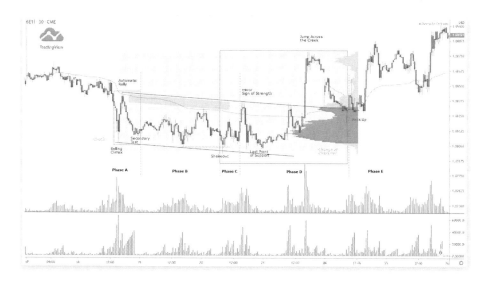

En ese punto ya se puede observar como los mínimos de las Fases A, B y C recorren una distancia a la baja ridícula, sugiriéndonos la aparición del patrón *Shortening Of the Thrust* (SOT) y su implicación alcista en este caso.

Aunque el primer movimiento alcista no tiene la suficiente fortaleza como para romper la estructura, ya es un cierto cambio de carácter el haber logrado realizar dicho test. En ese punto el precio desarrolla una sacudida interna a un máximo previo en confluencia con el VWAP semanal pero en esta ocasión el mercado es incapaz de testear la parte baja de la estructura, desarrollando un fallo estructural de fortaleza evidenciado en ese *Last Point of Support*. Objetivamente ya tenemos el *Shakeout*, la muestra de fortaleza y el fallo estructural = potencial desequilibrio a favor de los compradores.

A partir de ahí y mediante dos muestras de fortaleza el precio logra romper el rango y vemos cómo va a buscar una zona de confluencia para desarrollar el test tras rotura (*Back Up*). Dicha zona se compone del Creek de la estructura rota, del VWAP semanal (línea dinámica verde) y del *Value Area High* del perfil. Otra muestra más de la funcionalidad de este tipo de niveles operativos apoyados del contexto.

Estructura de Distribución con Pendiente Bajista

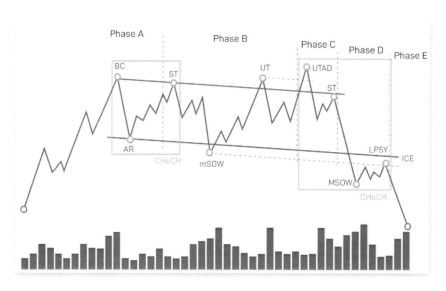

Se trata de la estructura distributiva que mayor debilidad presenta. Tras la identificación de los primeros eventos que nos sugieren la parada del movimiento tendencial previo, la fuerte condición de debilidad que inunda el mercado provocará el desarrollo de los subsiguientes movimientos en forma de máximos y mínimos decrecientes.

Visualmente se observará un canal bajista donde el precio rebota en sus extremos respetando la dinámica.

La clave, como siempre, estará en la correcta identificación del evento de Test en Fase C que dé origen al movimiento de ruptura bajista. Constantemente estaremos buscando que dicho evento de test lo haga en formato sacudida (en este caso, *Upthrust After Distribution* –UTAD-). Ya se ha comentado infinidad de veces que es el evento que mayor confianza puede otorgar a un operador a la hora de plantear escenarios y por tanto en la mayoría de casos deberíamos esperar a su aparición.

Esta sacudida final podemos esperarla o bien en forma de exceso en la parte alta de la estructura sugiriéndonos además una condición de sobrecompra; o bien como una sacudida local a algún máximo previo relevante. Cuanto más vistosa y exagerada sea la sacudida, mayor confianza nos dará ya que nos sugerirá que ha captado una mayor liquidez y que por tanto el subsiguiente movimiento tendrá un mayor impulso.

La principal diferencia con respecto a las estructuras acumulativas que también tienen pendiente bajista es que en este caso no observaremos esa pérdida de momentum característica del patrón *Shortening Of the Thrust* ni tampoco veremos algún tipo de fallo estructural.

Sin duda es un tipo de escenario difícil de operar ya que subjetivamente el operador observa cómo el precio está relativamente bajo y puede que determine que no es lugar para entrar en corto. Pero debemos trabajar para eliminar subjetividades y quedarnos con la cierta objetividad que nos proporciona este tipo de lecturas.

Debido al control casi total que tienen los vendedores el precio se moverá con gran velocidad. Debemos estar plenamente concentrados ya que de otra forma lo más probable es que perdamos el movimiento. Y esto no es una mala noticia porque si has sido capaz de hacer una correcta lectura y ver que el desequilibrio está a favor de los bajistas, puede que pierdas la oportunidad operativa por no estar rápido en tus decisiones, pero al menos no estarás en disposición de entrar en el lado equivocado del mercado (comprando) evitando así una pérdida.

En este ejemplo de redistribución con pendiente bajista vemos que se produce la parada con un gran volumen durante todo el desarrollo de la Fase A y que durante la Fase B también se observan picos de volúmenes inusuales, huella característica de los esquemas distributivos. Además de eso las ondas bajistas Weis predominando en todo momento.

El precio logra posicionarse por debajo del nodo de alto volumen y un posterior movimiento de retroceso alcista va a testear dicha área dejando el evento de *Last Point of Supply* para desde ahí generar la rotura bajista efectiva (SOW). Una vez por debajo de la estructura, nuevo test a la parte baja de la misma y continuación en la caída.

Un operador que no tenga en cuenta esta dinámica de estructuras y que no sepa analizar juiciosamente todas las huellas en su interior muy posiblemente vería caer al precio en posible condición de sobreventa y quizá tendría un sesgo alcista. Pero lo cierto es que el mercado en todo momento estaba inundado de debilidad y así quedó reflejado en la acción del precio y el volumen.

Nuevo ejemplo de esquema distributivo con huellas muy caracte-rísticas. Picos de volumen, Weis predominante y sacudida en Fase C que origina el movimiento de ruptura bajista.

El test del UTAD sucede en una localización muy importante, en el VPOC del rango. Se trata del nivel de precio más negociado. Además, confluye con la parte alta de la estructura. Es la localización ideal para buscar un gatillo en corto. Nuevo ejemplo de cómo el Volume Profile puede ayudarnos a la hora de analizar mejor el contexto del mercado.

Tal era la debilidad de fondo que no dio posibilidad de test tras rup-tura (LPSY) sobre la parte baja de la estructura.

Estructura de Distribución con Pendiente Alcista

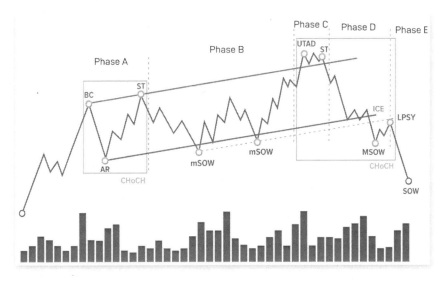

Este tipo de dinámica presenta inicialmente cierta fortaleza de fondo evidenciada por esa sucesión de máximos y mínimos crecientes hasta que en su desarrollo final la agresividad de los vendedores se pone de manifiesto rotando la estructura como distributiva.

Como se ha comentado en las estructuras previas, una herramienta útil para su evaluación puede ser la identificación del patrón *Shortening Of the Thrust*. En este caso, el precio puede que haga nuevos máximos pero que recorra poca distancia con respecto a los máximos previos, denotando esa falta de momentum.

Si además deja algún tipo de fallo estructural que denote debilidad (no alcanza la parte alta de la estructura), es un indicio más que nos sugiere que el control puede estar rotando hacia los bajistas.

Como siempre, la lectura se potenciará al observar una sacudida (UTAD) bien al extremo superior de la estructura en forma de exceso alcanzando una condición de sobrecompra; o bien a algún máximo previo relevante.

No olvidemos tampoco el análisis de las herramientas complementarias que analizan los datos del volumen, como el Volume Profile y el análisis de las ondas de Weis. La ubicación de las zonas operativas del perfil de volumen siempre nos ayudará en la toma de decisiones, mientras que el análisis de ondas nos permitirá poner la lupa en el interés negociado en los movimientos y en ocasiones será clave para un correcto análisis.

Ejemplo de estructura redistributiva con pendiente alcista y sin sacudida al extremo. Como detalles más importantes vemos ese volumen climático en mitad del rango. Es una señal de alerta ya que no deberían aparecer como norma general en los esquemas acumulativos y por tanto podría ser una huella a añadir a favor del control bajista.

Muy visual también el patrón *Shortening Of the Thrust* entre los máximos que establecen el *Automatic Rally* en Fase A, el *Upthrust* en Fase B y el UTAD en Fase C. Nuevos máximos pero con poco desplazamiento entre ellos sugiriendo esa pérdida de momentum.

En el UTAD de Fase C vemos como el precio intenta abandonar el área de valor del perfil de volumen y es rechazado. El mercado no está interesado en cotizar en precios más altos y se añade una nueva señal a favor de los vendedores. Esta acción además se podría observar como el evento de test en Fase C donde sacude máximos del interior de la estructura. Sin duda se trata de un esquema difícil de operar en tiempo real.

Tras un primer movimiento de debilidad el precio logra posicionarse por debajo del VPOC del perfil y dicha acción es acompañada con una gran onda de Weis bajista. En ese punto el sesgo direccional debería estar claro y ya estamos en posición de plantear alguna idea operativa en cortos.

De nuevo vemos la gran importancia de tener en cuenta los niveles de volumen. El test tras ruptura (LPSY) va a buscar la zona de confluencia de la estructura rota y del VPOC para iniciar desde ahí la continuación bajista en Fase E.

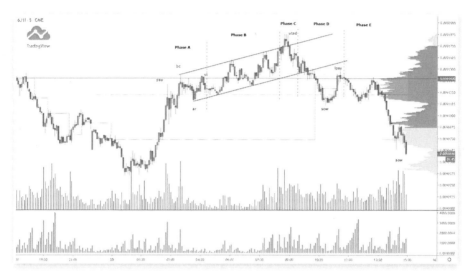

En esta ocasión el evento de test en Fase C si logra alcanzar la parte alta de la estructura sacudiendo todos los máximos de la misma. Como sabemos, esta acción añade una mayor fortaleza al escenario bajista.

Es muy llamativo el grado de inclinación alcista, sugiriéndonos al inicio de la misma una gran fortaleza de fondo. Fortaleza que es disipada y bloqueada con la aparición de los picos de volumen durante el desarrollo de la Fase C.

Incuestionable muestra de debilidad que envía al precio hasta el origen del movimiento en el AR y que consigue además desarrollar una nueva pata bajista. No sin antes ir a visitar hasta en dos ocasiones el nivel de volumen más negociado (VPOC) de la estructura para desde ahí continuar cotizando a la baja. De nuevo impresionante muestra de eficacia de dichos niveles de volumen.

ESTRUCTURAS INUSUALES

Dentro de esta categoría vamos a incluir el resto de estructuras que no siguen una formación horizontal o con pendiente.

Si quisiéramos ponernos exquisitos podríamos encuadrar como estructuras de la metodología Wyckoff prácticamente todos los rangos de acumulación o distribución independientemente de su forma, incluyendo los patrones clásicos de chartismo que todos conocemos como el cabeza y hombros, cuñas, triángulos y demás.

Intentar justificar cada uno de los movimientos y desarrollo de estructuras bajo el enfoque de la metodología Wyckoff no le hace ningún favor. Wyckoff tiene poco que ver con esos patrones robóticos, su estudio es mucho más profundo por lo que lo más inteligente sería distanciarse de ese posible vínculo que pueda asociar los patrones chartistas clásicos con el método Wyckoff.

A "toro pasado" como se suele decir, cualquier rango puede ser etiquetado con éxito. Pero esto operativamente no tiene validez. Etiquetar gráficos pasados es un ejercicio muy interesante para operadores iniciados con el objetivo de poner en práctica sus conocimientos y de alimentar a su subconsciente para prepararlo para la operativa en tiempo real. Pero una vez que se tiene cierto nivel de estudio de la metodología, seguir etiquetando gráficos pasados deja de tener sentido.

La clave está en que cualquier estructura, si nos forzamos un poco, podemos convertirla en una bonita estructura que cuadraría a la perfección dentro de los eventos y fases de la metodología Wyckoff. Pero nuestro foco no debería estar aquí. ¿De qué me sirve conocer la ubicación de las etiquetas en un giro del mercado de forma hipodérmica (en V) si en tiempo real no voy a ser capaz de operarlo?

Como digo, es una pérdida de tiempo y energía intentar estudiar estructuras inusuales, principalmente, porque como su propio nombre indica, no aparecen con cierta habitualidad. Nuestra ventaja está en esperar a que aparezcan estructuras clásicas.

Estructuras clásicas, con un desarrollo estricto de sus eventos y fases, pero permitiéndole al mismo tiempo cierta fluidez en base a las condiciones particulares del mercado. El ejemplo perfecto de esta afirmación serían las estructuras con pendiente: formaciones clásicas donde se observan a la perfección todos los eventos y fases, y al mismo tiempo la condición de fondo modifica ligeramente el desarrollo final (cierta dinámica alcista o bajista).

Este gráfico del FDAX es un ejemplo muy bueno de lo que hablo. Una vez finalizado su desarrollo puedo retroceder y etiquetar cada uno de los movimientos si quiero, pero en tiempo real es un comportamiento prácticamente imposible de operar. Una estructura bloqueada en mínimos pero que desarrolla a su vez máximos crecientes. No tiene sentido poner el foco ahí.

Además de este tipo de estructuras inoperables es buen momento para recordar que la teoría y la práctica en tiempo real muchas veces no van de la mano y que es necesario tener una mentalidad lo suficientemente abierta.

En este gráfico del S&P500, si bien es cierto que se observa una estructura muy genuina en su parte final, puede que muchos en tiempo real hubieran encontrado dificultades al intentar identificar la Fase A.

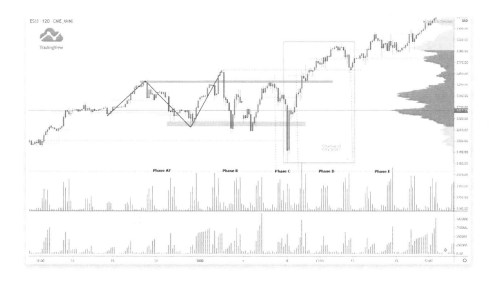

El precio viene subiendo, desarrolla un movimiento bajista amplio y desde ahí otro más al alza que sobrepasa el máximo previo. ¿Podría ser esa sucesión el BC, AR, ST? Podría, pero lo relevante no es eso. Lo relevante es que se ha producido un cambio de carácter; que el precio ha pasado de un estado tendencial a uno de lateralización y que se va a volver a construir una causa que tendrá un efecto. Esto es lo único que importa, el contexto que hay detrás de la acción del precio.

Muchos puede que sigan buscando únicamente estructuras "de libro" y, aunque ya vemos que aparecen continuamente, la lectura que nos ofrece la metodología es mucho más interesante que quedarse únicamente ahí.

Aquí vemos otro ejemplo exactamente igual. Si observamos el mercado desde un punto de vista estricto buscando identificar los movimientos perfectos encuadrados dentro de la proporcionalidad que en teoría debe haber entre fases puede que al ver este tipo de desarrollo tengamos problemas en su identificación.

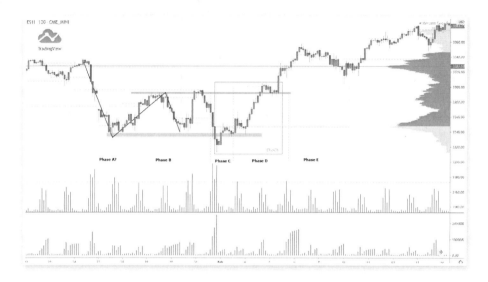

Si tratamos esos tres movimientos que marco como el SC, AR y ST, la Fase B tendría muy poca duración ya que el único evento objetivo que se observa sobre el gráfico es la sacudida de la Fase C. ¿Qué hacemos entonces si la teoría nos dice que la Fase B debe ser más larga que las Fases A y C? Pues entonces nada, la teoría está muy bien para generalizar los sucesos, pero la operativa y el análisis en tiempo real requerirán de una mente mucho más abierta.

Una vez que el operador alcanza cierto grado de conocimiento de la metodología debería centrarse en ver el mercado en términos de dinámica del precio y no en términos de etiquetas.

PARTE 7 - CONCEPTOS AVANZADOS DE LA METODOLOGÍA WYCKOFF

Mi intención no es divulgar el enfoque de la metodología Wyckoff desde su punto de vista más puro. Puede que haya operadores Wyckoff que sí lo hagan pero entendemos que los mercados de hoy en día han cambiado sustancialmente con respecto a los estudiados por Richard Wyckoff y es nuestra tarea saber adaptarnos a estos cambios.

Si hay algo que es invariable y donde radica realmente la ventaja de este enfoque por encima de otros son los principios sobre los que subyacen sus enseñanzas. Independientemente de cómo hayan cambiado los mercados y sus operadores, todo sigue rigiéndose bajo la ley universal de oferta y demanda; y esta es la piedra angular de la metodología.

A continuación vamos a presentar algunos conceptos avanzados que deberías conocer y a aclarar una serie de dudas que se dan frecuentemente.

¿Cómo determinar un giro del precio?

Determinar el final de un movimiento no es tarea fácil. El objetivo es identificar lo antes posible el punto en el que es posible que se origine el inicio de un movimiento en la dirección opuesta. Para tratar de identificar los giros del mercado nos vamos a basar en la identificación de las velas de intencionalidad que se desarrollan a favor de una y otra dirección.

El autor de este y otros conceptos es Roman Bogomazov. Roman dirige la academia Wyckoff Analytics donde divulga los principios de la metodología Wyckoff de manera extraordinaria. Se trata sin duda de uno de los grandes referentes para todos gracias a su profundo conocimiento y aportaciones a la comunidad Wyckoffiana.

Para determinar un giro del precio lo primero que debemos hacer es identificar la última vela de intencionalidad a favor de la dirección del movimiento actual. Y vamos a asumir que ésta marca el actual control del mercado en el más corto plazo ya que la probabilidad está en que el precio continúe en esa dirección (en la dirección de quien tiene el control del mercado).

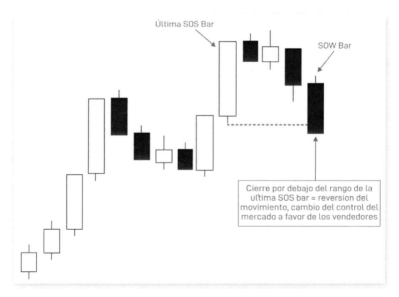

Es decir, que si el precio se encuentra en mitad de un movimiento alcista y por encima de una vela de intencionalidad alcista, vamos a asumir que el control del mercado lo tienen los compradores; y por el contrario, si el precio se encuentra en mitad de un movimiento bajista y por debajo de una vela de intencionalidad bajista, diremos que el control actual del mercado lo tienen los vendedores.

Con la aparición de nuevas velas de intencionalidad a favor del movimiento, el control del mercado seguirá desplazándose, anclándose en esas nuevas velas.

La clave de todo está en que vamos a determinar que el control del mercado se ha dado la vuelta cuando el precio rompa la última vela de intencionalidad que marca el control del mercado con otra vela de intencionalidad inversa al movimiento actual. Para ello, marcamos los extremos del rango total de esa última vela de intencionalidad y un cierre en la dirección opuesta nos alertaría de una posible reversión del movimiento:

• Para determinar el final de un movimiento alcista y posible inicio de otro bajista necesitamos ver que una barra de reversión bajista cierra por debajo del mínimo de la barra significativa alcista que hasta entonces marcaba el control de los compradores.

• Para determinar el final de un movimiento bajista y posible inicio de otro alcista necesitamos ver que una barra de reversión alcista cierra por encima del máximo de la barra significativa bajista que hasta entonces marcaba el control de los vendedores.

Este concepto para la identificación de un giro de mercado es muy importante porque lo podemos aplicar en la determinación del extremo final de todos los eventos que hemos explicado y que forman parte de la teoría; lo que nos otorgará cierta objetividad en nuestros análisis.

En caso de que no queramos bajar de marco temporal para identificar ahí un posible esquema menor que determinará el giro del precio en el marco temporal mayor, podemos mantenernos en esa temporalidad mayor y esperar al desarrollo de esta vela de intencionalidad como señal de posible extremo del movimiento y alerta de reversión.

Es decir. Que tras el *Selling Climax* probablemente veremos esa barra de reversión alcista que pondrá fin al movimiento. Y una vez iniciado el siguiente movimiento alcista, probablemente veremos esa vela de reversión bajista que nos alertará del final del *Automatic Rally*. Y así con todos los eventos del rango.

RAZONAMIENTO SOBRE LAS ETIQUETAS

Todo el apartado teórico estudiado es un contenido necesario e indispensable para llegar a dominar este enfoque y entender verdaderamente cómo se mueve el mercado, pero la metodología Wyckoff, o mi manera de entenderla, va mucho más allá.

No se trata simplemente de etiquetar un gráfico casi de manera robótica y ya. Hemos aprendido lo que subyace a cada evento; cómo se forma, cómo se representa sobre el gráfico, la psicología detrás de él etc. Pero como digo, el método es mucho más rico.

Comento esto porque, por la propia naturaleza del mercado, es prácticamente imposible que se puedan dar dos estructuras completamente iguales. Si bien es cierto que a diario vemos esquemas "de libro", que se adaptan de forma muy genuina a los ejemplos clásicos, en la mayoría de ocasiones el mercado desarrollará estructuras menos convencionales, donde la identificación de tales eventos será más compleja.

Es por tanto indispensable no centrarse en la búsqueda exacta de los eventos (principalmente de los eventos de parada que componen la Fase A) y quedarse con que lo realmente importante es la acción en su conjunto. Es decir, en multitud de gráficos veremos que un movimiento tendencial se detiene e inicia un proceso de lateralización, pero no somos capaces de identificar correctamente esos 4 primeros eventos de parada. Puede que en vista de esto, desechemos el activo y estemos perdiendo una oportunidad operativa futura. Esto es un error. Como digo, lo importante no es que nosotros sepamos identificar esos 4 eventos de parada, sino que el mercado de manera objetiva ha producido la parada del movimiento tendencial. Puede que no identifique el Clímax, la Reacción y el Test de forma genuina, pero lo objetivo es que el mercado se ha detenido y ha iniciado un cambio de carácter (migración de estado tendencial a lateral).

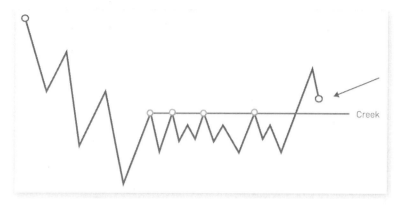

Como vemos en los ejemplos, aunque esas estructuras no se parezcan nada a las clásicas ya estudiadas; si abrimos el gráfico y nos encontramos en ese punto que marco con la flecha, no es descabellado pensar en que posiblemente abajo hayan desarrollado un proceso de acumulación. Será más o menos difícil identificar los eventos de la metodología, pero lo objetivo es que vemos un nivel donde el precio ha rechazado en diversas ocasiones (Creek) y que finalmente ha conseguido romperlo y posicionarse por encima. Esta es la clave.

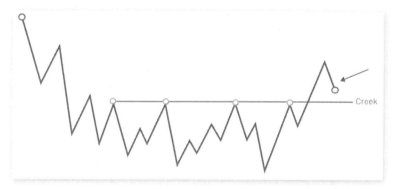

Seguramente si nos forzamos podemos etiquetar todos y cada uno de los movimientos pero repito que esto no es lo importante. Lo importante de la metodología es la lógica que subyace detrás de ella: que para que el precio suba primero debe haber una acumulación; y que para que baje una distribución. La forma o manera en que desarrollen estos procesos no debería ser algo determinante.

El nivel de mentalidad abierta que se requiere es muy grande. Puede que incluso a alguno le haya estallado la cabeza, pero esta es la realidad. Afortunadamente en muchas ocasiones vemos estructuras clásicas, pero la continua interacción entre oferta y demanda provoca que dichos procesos se puedan desarrollar de formas infinitas, y tenemos que estar preparados para verlas igualmente.

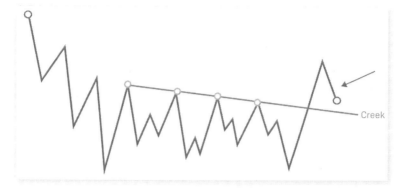

Creek

Más que pensar en etiquetar todos y cada uno de los movimientos del precio vamos a centrarnos en tratar de identificar según las huellas que observamos acerca de quién probablemente está obteniendo el control de mercado en base a la teoría estudiada.

Acumulación o Distribución fallida

Cuando el análisis de todas las huellas que se observan sobre el gráfico nos sugieren que se está produciendo el desequilibrio hacia un lado pero en el momento de la verdad el lado opuesto presiona con mayor agresividad, estaremos hablando de fallo de continuidad o estructura fallida.

Durante el desarrollo de las estructuras está en juego el control del mercado y éste puede ir cambiando de lado (a favor de los compradores o de los vendedores) continuamente, según los tipos de operadores y las valoraciones que hagan del activo.

Como sabemos que hasta que no se visualiza el efecto de una causa no podemos determinar de qué se trata (acumulación o distribución), casi lo más lógico sería evitar utilizar este término de estructura fallida ya que realmente una acumulación fallida siempre será una estructura de distribución y viceversa. Pero es un concepto muy interesante que nos sirve para entender una dinámica importante del mercado, que no es otra que el conocimiento de los distintos tipos de operadores y cómo estos intervienen en base a la temporalidad.

Cuando el precio hace un potencial *Spring* en mínimos de la estructura y desde ahí logra alcanzar de nuevo la parte alta de la misma, es obvio que ahí abajo han entrado con cierta agresividad los compradores; pero desconocemos cuándo estos decidirán cerrar sus posiciones. Puede que simplemente se trate de traders de muy corto plazo que aprovechen la visita a alguna zona de liquidez (ya sea a máximos de la estructura o a alguna zona intermedia) para encontrar la contrapartida con las que casar sus órdenes y poder cerrar ahí sus posiciones obteniendo beneficios. Este cierre de posiciones compradoras provocaría una pérdida de momentum alcista y posiblemente un nuevo giro a la baja.

O puede que los operadores que han comprado en el *Spring* tengan una perspectiva de más largo plazo y hagan todo lo posible para mantenerse dentro del mercado y defender su posición si fuera necesario, produciendo el desarrollo completo de la acumulación.

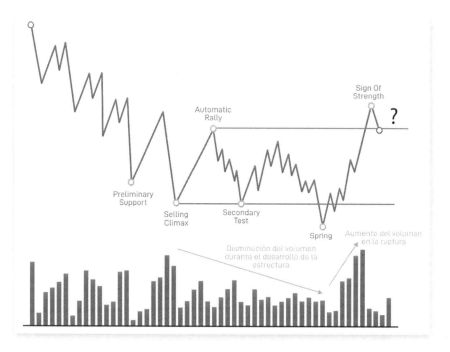

Además, tampoco sabemos si puede haber operadores de más largo plazo, con una mayor capacidad para mover los mercados pendientes de ese movimiento alcista para aprovecharlo y entrar en corto de forma agresiva.

Por otro lado, también hay que recordar que no todos los grandes operadores ganan de forma sistemática y recurrente a lo largo del tiempo. En ocasiones muchas de ellas se ven obligadas a asumir pérdidas y este contexto de estructura fallida podría ser un ejemplo perfecto. Como bien dice Al Brooks en sus libros sobre Price Action, en los mercados líquidos cada mínimo movimiento del precio es generado debido a que un gran operador está comprando y otro está vendiendo. Es una batalla entre estos grandes capitales y por tanto habrá parte de ellos que generen pérdida en algunas de sus operaciones.

La clave para determinar que estamos ante una estructura fallida es que esta tenga absolutamente todas las huellas a favor de una dirección pero que en el momento decisivo (en el test tras la rotura), fracase y se genere un desequilibrio a favor del lado opuesto.

Para el ejemplo de acumulación fallida, tendríamos que ver que todas las huellas nos sugieren que el control del mercado lo tienen los compradores, que además el precio venga que desarrollar un potencial *Spring*, que la rotura alcista sea genuina desde el punto de vista de la acción del precio y del volumen; pero que finalmente en posición de potencial BUEC el precio no logre seguir subiendo, y se provoque un desequilibrio a favor de los vendedores dejando finalmente la estructura como distributiva.

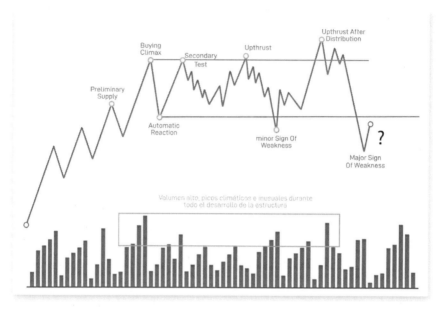

Exactamente lo mismo pero a la inversa necesitaríamos ver para determinar una distribución fallida: huellas a favor de los vendedores, desarrollo de potencial *Upthrust*, rotura bajista genuina y que en posición del test tras rotura entren compras agresivas que rote la estructura como acumulación.

Es importante ser consciente de que no sabemos la capacidad que tienen los operadores de seguir controlando el mercado ya que en cualquier momento puede aparecer un operador con una mayor capacidad y provocar la rotación. Lo que en principio parecía estar desequilibrado hacia un lado, finalmente con esta nueva aparición hace que el desequilibrio se confirme hacia el lado opuesto.

Entonces tenemos esas dos casuísticas muy importantes a valorar:

- **No sabemos la intención de los operadores que estén apoyando el movimiento actual**. Si se trata de operadores de corto plazo que cerrarán posiciones en la próxima zona de liquidez o si por el contrario tienen una perspectiva de más largo plazo y continuarán hasta el completo desarrollo de la estructura.

- **No sabemos si pueden intervenir operadores con una mayor capacidad**. En el momento de la verdad, en el test tras rotura que confirmaría la direccionalidad de la estructura, pueden aparecer operadores agresivos con una mayor capacidad para mover el mercado presionando en el sentido opuesto ya que en el más largo plazo puede que tengan una visión distinta.

Obviamente esta dificultad la encontramos continuamente, por eso nuestra ventaja está en operar a favor del último desequilibrio y para ello es vital identificar el evento dominante: la sacudida.

La sacudida, como ya se ha comentado, es la acción más determinante del funcionamiento del mercado. Su lógica subyacente es tan poderosa que nos lleva a sesgarnos siempre a favor de ella. Entonces, si el resto de huellas acompañan, siempre estaremos favoreciendo operar en la dirección de la última sacudida; es decir, largos tras ver un potencial *Spring*; y cortos tras ver un *Upthrust*.

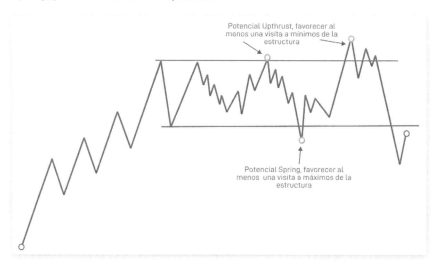

Potencial Upthrust, favorecer al menos una visita a mínimos de la estructura

Potencial Spring, favorecer al menos una visita a máximos de la estructura

Algunos puede que lleguen a la conclusión de que esperar al precio en los extremos y operar únicamente situaciones de potencial *Upthrust/Spring* sea lo más conveniente como medida para simplificar todo el análisis; y no es algo que esté totalmente fuera de lugar. Es lo bueno de la metodología Wyckoff, que al ofrecer una manera de entender lo más objetivamente posible cómo se mueve el mercado, cada operador puede utilizar sus principios para desarrollar sus propias estrategias.

Las huellas que ofrece el desarrollo de las estructuras desde su inicio son significativas y nos ayuda a establecer escenarios con una mayor probabilidad. Por ejemplo, si observo ciertas características distributivas en una estructura y posteriormente se encuentra en posición de potencial ruptura bajista o de potencial *Spring*, el análisis del contexto me llevará a favorecer la ruptura bajista; mientras que el operador que sólo opera las sacudidas en los extremos sin evaluar nada más hará lo opuesto. Y generalmente el mercado desarrollará (en este ejemplo) a favor de la continuación distributiva ya que el desequilibrio es latente y se ha ido evidenciando durante el desarrollo del rango.

Fallo estructural

Es un concepto muy sencillo que nos puede ayudar a la hora de evaluar la dinámica de los movimientos.

Este fallo lo podemos encontrar en todo tipo de estructuras; tanto en estructuras con pendientes alcista o bajista como en estructuras horizontales, convergentes o divergentes.

Lo primero es identificar la lógica estructural que decide seguir el precio. Esta vendrá determinada por los toques exitosos que respeten una estructura formada por dos zonas de oferta y demanda. Esta es la clave inicial: identificar la estructura que el precio ha validado. Cuantos más toques tenga, mayor confianza nos dará dicha estructura.

En ese punto, y bajo el principio de favorecer la continuidad de lo que viene haciendo el precio, lo lógico sería pensar en que el mercado seguirá moviéndose respetando esa lógica estructural, moviéndose de extremo a extremo.

En caso de que el precio no logre desarrollar un nuevo test sobre el lado opuesto y en su lugar genere un giro antes de alcanzar dicha zona, diremos que ha desarrollado un fallo estructural ya que no ha continuado con la dinámica que traía y esta señal añade fortaleza para el escenario a favor de ese último giro.

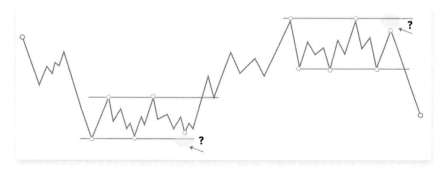

De la mano de este concepto, se entiende que el evento del último apoyo de la oferta o de la demanda (*Last Point of Support* y *Last Point of Supply*) se tratan de fallos estructurales en los que el precio es bloqueado en su intento por ir a buscar el evento de sacudida para iniciar desde ese punto el movimiento posterior de rotura de la estructura.

Debilidad

El ejemplo de fallo estructural que denota debilidad lo encontramos cuando el precio, tras validar una estructura en varias ocasiones, es incapaz de seguir moviéndose bajo esa lógica de movimientos y no puede alcanzar la parte alta de la misma.

Esta incapacidad para seguir desplazándose como venía haciendo hasta ese momento denota debilidad de fondo. Los compradores han dejado de tener el control del mercado y son los vendedores los que han comenzado a aparecer más significativamente.

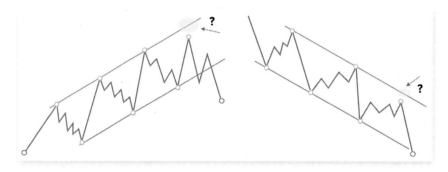

Este indicio no sugiere una reversión inmediata a la baja; sino que es un elemento más a tener en cuenta a la hora de leer correctamente el contexto del mercado.

Podría simplemente tratarse de una parada temporal de la tendencia previa para desarrollar desde ahí un período de consolidación durante el que reacumular y seguir subiendo.

Fortaleza

La acción que denotaría fortaleza de fondo la obtendríamos al ver que el precio no puede alcanzar la parte baja de la estructura que viene trabajando.

Es decir, que si el precio viene desarrollando una serie de máximos y mínimos decrecientes cuya acción encaja perfectamente dentro de unos límites superior e inferior, favoreceremos que el mercado se siga comportando de la misma manera y por tanto buscaremos un nuevo test al lado opuesto de la estructura. Si por ejemplo viene de hacer un test sobre la parte alta de la estructura, la dinámica nos sugiere que ahora tendría que hacer un nuevo test sobre la parte baja. Si durante el desarrollo de dicho movimiento el precio se gira sin lograr alcanzar esa parte baja diremos que el mercado ha generado un fallo estructural y es una señal de fortaleza del mercado ya que los compradores no han permitido que el precio caiga más abajo.

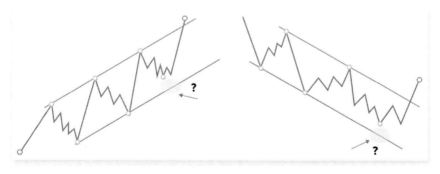

Si además de esta huella dicho movimiento consigue sacudir algún mínimo previo relevante estaríamos en una potencial situación de *Spring* con mayor fortaleza de fondo debido a que confluye con ese fallo estructural. El razonamiento detrás de dicha acción es que los compradores han entrado agresivamente desequilibrando el control a su favor. Estos compradores tienen intereses más arriba y bloquean la caída del precio. No quieren que el precio baje. No quieren que nadie más se pueda subir al movimiento alcista.

Este indicio no sugiere una reversión inmediata al alza; sino que es un elemento más a tener en cuenta a la hora de leer correctamente el contexto del mercado.

SHORTENING OF THE THRUST (SOT)

Podría traducirse al castellano como "Acortamiento del empuje". Se trata de un patrón de cambio de dirección. Es una herramienta analítica que originariamente usaba Wyckoff para medir la pérdida de momentum o agotamiento de un movimiento impulsivo o empuje.

Visualmente se observa como cada nuevo extremo recorre una distancia menor que el extremo previo y por tanto se dice que se está acortando el empuje.

• Para el ejemplo en tendencia alcista, observaríamos como cada nuevo máximo recorre una distancia menor que el máximo previo; lo que nos sugiere un deterioro de la demanda y señala un posible giro bajista.

• Para el ejemplo en tendencia bajista, se observaría una disminución en la distancia que recorre el nuevo mínimo en relación con la distancia que recorrió el mínimo previo, sugiriendo un deterioro de la oferta y señalando un posible giro al alza.

La idea principal es una falta de continuidad en esa dirección. Un agotamiento de las fuerzas que hasta el momento parecían tener el control del mercado. La pérdida de momentum anticipa un retroceso importante e incluso a veces una reversión de la tendencia.

Para que este comportamiento sea válido, se requiere un mínimo de tres empujes en la dirección de la tendencia. A partir de tres o cuatro movimientos impulsivos, es útil comenzar a buscar este patrón de acortamiento en el empuje final.

• Cuando el avance del precio se acorta pero hay un fuerte volumen significa que el gran esfuerzo obtuvo poca recompensa: divergencia Esfuerzo/Resultado. En el caso de un ejemplo bajista, la demanda estaría apareciendo, y en un ejemplo alcista la oferta estaría apareciendo.

• Cuando el avance del precio se acorta y además hay un volumen débil significa agotamiento. En el caso de un ejemplo bajista la oferta se estaría retirando, y en un ejemplo alcista serían los compradores los que se retiran del mercado.

Cuando hay más de cuatro empujes y persiste el acortamiento, la tendencia puede que sea demasiado fuerte como para operar en su contra.

Lo que confirmaría el cambio de dirección sería un fuerte movimiento impulsivo en la dirección contraria. Tras el acortamiento del empuje, queremos ver que el nuevo impulso en la dirección opuesta tenga un volumen alto, denotando intencionalidad. Tras este impulso que cambia de dirección se podría esperar a un retroceso para buscar incorporarnos en la dirección del nuevo movimiento impulsivo.

Siempre ten en cuenta el contexto sobre el que se desarrolla el acortamiento del empuje:

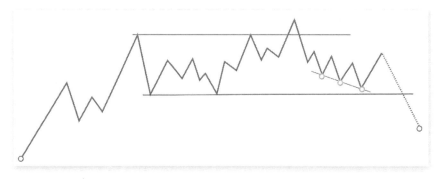

Si el precio rompe el techo de un rango y revierte, esta acción es un potencial Upthrust. Si tras una pocas ondas bajistas se produce un acortamiento del empuje y sugiere una operación de compra; debes tener en cuenta que el precio viene de desarrollar un Upthrust y que lo más probable es que siga cayendo. Cualquier operación de compra debería ser evitada, y en caso de ser tomada, cerrada rápidamente tras una débil respuesta. Lo mismo sucedería en caso de observar el patrón bajista después de un potencial Spring, el sesgo direccional lo marcaría la sacudida por lo que habría que poner en duda la idea operativa en corto del SOT.

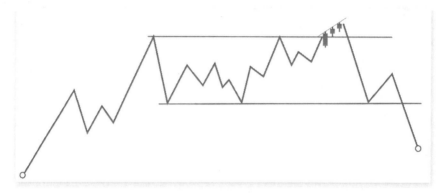

El patrón de *Shortening Of the Thrust* también puede ser visto en barras individuales además de en movimientos. En este caso, se observaría cómo sucesivas barras hacen cada vez menos progreso. Si además coincide en una zona operativa donde por contexto estuviéramos en disposición de buscar una operación en contra, la situación sería ideal.

Uso eficiente de las líneas

Cuando el operador minorista se acerca por primera vez a los mercados le gusta trazar líneas para identificar niveles de soporte y resistencia con la esperanza de que el mercado los respete. Pero debemos saber una cosa, al mercado no le importa cuántas líneas tengas trazadas sobre el gráfico, ni si éstas son de mayor o menor grosor o el color que tienen.

Salvo que tengas un estudio estadístico que así lo verifique no se debería tener en cuenta en términos operativos el uso de las líneas de manera aislada. Es decir, no se recomienda comprar o vender simplemente porque el precio haya tocado una determinada línea.

La película que nos cuentan las líneas tiene que ver con quién tiene el control del mercado principalmente. Si observamos un mercado alcista en el que se puede trazar una línea o canal alcista de forma clara, el razonamiento objetivo es que los compradores están en control. Si lo que podemos visualizar es un claro movimiento bajista canalizado entre dos extremos lo que tendremos es un control por parte de los vendedores. Y por último, una lateralización horizontal con repetidos giros sobre dos extremos nos evidenciará un equilibrio entre ambos participantes.

Identificar visualmente cómo el precio respeta ciertas líneas (las cuáles son subjetivas) simplemente nos pone en disposición de ver que el precio, por el motivo que sea, está respetando esa dinámica; y que en base a los principios del análisis técnico, lo más probable es que se siga comportando de igual manera en el futuro. Pero ya está. Por sí sola no debería ser una herramienta sobre la que basar nuestras decisiones de compra o venta.

Por tanto, la idea detrás de trazar líneas, ya sea para construir rangos horizontales, todo tipo de canales o simples líneas de tendencia debería tener el objetivo de:

1. Identificarnos la dinámica estructural que está respetando el mercado.

2. Y en base a ésta proveernos de zonas operativas interesantes, que serán los extremos de dicha dinámica.

Vamos a seguir trabajando con la lógica. Si acabamos de razonar que una línea o canal de tendencia alcista nos evidencia un mercado controlado por los compradores, con esta información de base parece que lo más sensato sería favorecer las compras mientras que el precio siga respetando esa dinámica, y sólo operar en venta tras la ruptura de esta, no antes.

Tanto para el caso de que quieras comprar o vender al identificar un canal alcista, ¿Qué ubicaciones serían las más adecuadas para buscar las operaciones? No hay duda que lo más óptimo sería esperar al precio en los extremos. Esta es la segunda ventaja que nos ofrece una correcta identificación de la dinámica estructural.

Aquí habría que aclarar que, el hecho de que el mercado esté subiendo no quiere decir que una estrategia seguidora de tendencia (en este caso compradora) tenga necesariamente mejor resultado que una estrategia en contra tendencia (en este caso vendedora). Simplemente se trata de identificar dónde se encuentra el camino de la menor resistencia (mediante la dinámica ascendente o descendente) ya que buscar incorporaciones a su favor nos ofrecería operaciones a priori con mayor posibilidad de éxito (puesto que estamos operando a favor de quien tiene el control).

Si lo que buscas es anticiparte a un giro del mercado (cosa no recomendable), al menos espera a la ruptura de la línea de tendencia que determine la última dinámica que está siguiendo el precio. Podría ser una huella de pérdida de momentum aunque sin tener en cuenta nada más cualquier operación para intentar girar el precio parecería demasiado arriesgada.

Ahora bien, y siguiendo con el ejemplo de la tendencia alcista, si el precio se acerca a la parte baja de su canal o línea de tendencia, ¿El hecho de estar en esta localización es motivo suficiente como para comprar? Absolutamente no, salvo la excepción antes mencionada.

En este ejemplo lo que observamos es que el precio está siguiendo una dinámica que pasa por visitar ambos extremos; y bajo el principio de favorecer que el mercado siga haciendo lo que previamente ha estado haciendo, sería interesante buscar la incorporación en compra buscando un nuevo impulso al alza. Pero ya está, en este punto acaba el poder de las líneas. Nos ofrece una huella sobre el sentimiento del mercado y puede contribuir a determinar el sesgo de mercado. En base a la dinámica del precio nos encontraríamos en zona interesante para buscar compras, lo cual no quiere decir que necesariamente haya que comprar.

Lo más recomendable para su uso sería utilizarlo junto a otras herramientas analíticas, como puede ser el enfoque de la metodología Wyckoff. Si identificamos el precio en una ubicación donde es interesante buscar compras, en vez de comprar directamente, ¿Cómo se vería esperar a la rotura de la dinámica bajista y esperar a que el precio desarrollara algún esquema acumulativo en dicha zona? Este sí que parecería un uso útil de las líneas.

Obtenemos entonces dos usos de alta calidad con el trazado de líneas y la identificación de la dinámica del precio:

1. En caso de querer operar en reversión, esperemos a la ruptura de esa dinámica.

2. Buscar el desarrollo de alguna estructura de acumulación/distribución menor en los extremos de dicha dinámica.

La Importancia del Contexto

Si mediante el análisis con las líneas, ya sean de tendencia o de algún tipo de canal, determinamos que estamos en zona operativa interesante (en extremos), podría ser el momento de, si así lo decide el operador, bajar de temporalidad para buscar sobre esa ubicación un esquema menor de acumulación/distribución.

Analizando un gráfico de alta temporalidad estaríamos ubicados en zona interesante para que se produzca ese giro buscando un movimiento hasta el extremo opuesto por lo que un uso eficiente del contexto sería bajar de temporalidad para intentar operar esa estructura menor de acumulación que generará el giro.

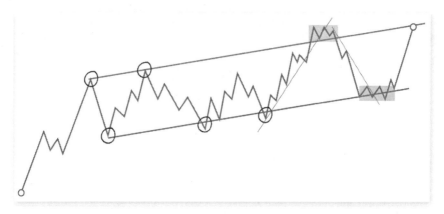

Como vemos, por sí solo el poder predictivo de las líneas no es muy convincente; pero utilizadas junto a otras herramientas pueden ofrecernos un uso operativamente interesante.

CAMBIOS DE ETIQUETAS Y PLANTEAMIENTO DE ESCENARIOS

Como el control del mercado puede variar durante el desarrollo de una estructura, necesitamos hacer una evaluación continua de la acción del precio y el volumen según la nueva información va llegando al mercado y mostrándose sobre el gráfico. En base a esto, siempre daremos una mayor relevancia a la última información de la que disponemos.

Cuando planteamos un escenario, lo hacemos siempre teniendo en cuenta toda la información disponible hasta el momento; es decir, en base a las condiciones del mercado en ese momento presente. El momento presente es lo más importante, y lo segundo más importante es lo inmediatamente anterior a este.

Es por ello que en ocasiones lo que nos puede sugerir inicialmente una acción en particular, puede cambiar de condición ya que todas las acciones del mercado tienen que ser confirmadas o rechazadas por la subsiguiente acción del precio.

De nada sirve mantener activo un escenario de forma permanente. Muchos detractores del análisis técnico utilizan esto mismo para intentar desprestigiarlo. Ven un planteamiento y no conciben el hecho de que éste pueda ser modificado. La realidad es que el mercado no es estático y que cada momento es único donde nueva información sigue entrando de forma ininterrumpida en el mercado.

Es por ello que en ocasiones nos veremos obligados a variar el sentimiento de un comportamiento y por tanto la etiqueta que inicialmente le otorgamos. Como ya hemos comentado, las etiquetas no son realmente importantes; lo que sí es importante es la acción que hay detrás, lo que nos sugiere ese movimiento. Y lo que nos sugiere ese movimiento está determinado por la acción que le sigue.

Puede que lo que en principio nos parece una sacudida con función de test en Fase C (para dar origen a la ruptura y continuación fuera del rango), se trate simplemente de un test que denote intencionalidad en esa dirección. Pero esto solo podemos evaluarlo tras ver la posterior acción del precio.

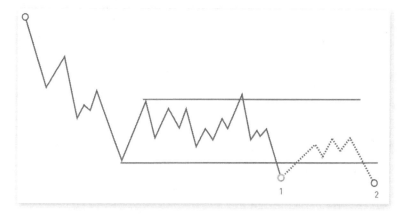

Por ejemplo, si un potencial *Spring* no logra desarrollar ni un movimiento alcista que denote cierta fortaleza (al menos un minor-SOS), esa acción tendría que cambiar de sentimiento y en vez de verlo como una sacudida bajista que nos sesga direccionalmente al alza, verlo más como un test de debilidad.

En el gráfico de ejemplo, al encontrarse el precio en el punto 1 diremos que estamos en situación de potencial *Spring*. Al ver que no desarrolla ninguna muestra de fortaleza nuestro sentimiento acerca de dicha acción debería ir cambiando y al hacer un nuevo mínimo en el punto 2 la etiqueta debería ser de un simple test.

Además, también es importante tener en cuenta que sólo podemos plantear escenarios sólidos sobre el siguiente movimiento y nunca más allá. En base a lo que viene haciendo el precio, le otorgaremos probabilidad a que se desarrolle posteriormente cierto movimiento. Y cuando éste esté finalizado, estaremos en posición de plantear el siguiente. No tiene ningún sentido que por ejemplo nos encontremos en Fase B y ya sugiramos la posibilidad de un esquema acumulativo o distributivo. Esto está totalmente fuera de lugar. Eso no es Wyckoff.

Y aquí radica una de las ventajas de la metodología Wyckoff, en el hecho de que nos provee un mapa de ruta claro, un contexto sobre el que esperar los movimientos del precio. Cuando el precio está en posición de potencial sacudida bajista (*Spring*) y nuestro análisis así nos lo confirma, vamos a esperar el posterior movimiento de ruptura alcista. Y cuando

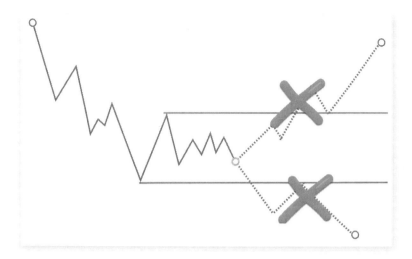

éste se desarrolla en la manera y forma que esperamos (con precio y volumen crecientes), podremos plantear el siguiente movimiento de retroceso hasta el nivel de la estructura rota. Y cuando estamos en tal posición de BUEC, podremos evaluar para plantear el posterior movimiento tendencial fuera del rango.

Esta es la dinámica, no se trata de inventarse nada sino simplemente de ir siguiendo y evaluando en tiempo real la acción del precio y el volumen para plantear como más probable el siguiente movimiento.

El por qué es simple; y el razonamiento lo encontramos de nuevo en la casuística previamente vista de los esquemas fallidos:

- **No sabemos la intención de los operadores que estén apoyando el movimiento actual**. Si se trata de operadores de corto plazo que cerrarán posiciones en la próxima zona de liquidez o si por el contrario tienen una perspectiva de más largo plazo y continuarán apoyando el movimiento hasta el completo desarrollo de la estructura.

- **No sabemos si pueden intervenir operadores con una mayor capacidad.** En el momento de la verdad, en el test tras rotura que confirmaría la direccionalidad de la estructura, pueden aparecer operadores agresivos con una mayor capacidad para mover el mercado presionando en el sentido opuesto ya que en el más largo plazo puede que tengan una visión distinta en base a sus valoraciones.

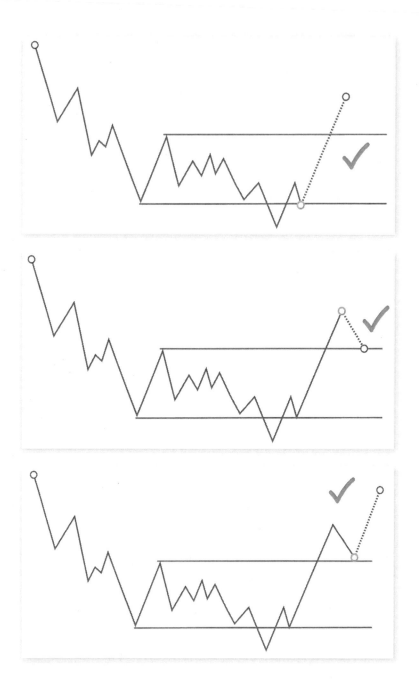

¿Cómo distinguir entre acumulación y distribución?

Es la duda más recurrente y es totalmente lógica ya que de encontrar la respuesta objetiva habríamos hallado por fin la estrategia definitiva para ganar dinero fácilmente.

Pero no, lamentablemente no es así. En tiempo real no se puede saber de qué se trata realmente; si de acumulación o distribución. En el único momento en que podemos confirmar lo que en ese rango ha pasado es cuando se produce el desarrollo total de la estructura; cuando tenemos la causa y el efecto totalmente desarrollados. Pero cuando todo está finalizado ya no nos sirve de nada, es demasiado tarde para poder tomar ventaja del mercado. Necesitamos incorporarnos al mercado antes de que el efecto de la causa se desarrolle por completo.

Al plantear un escenario siempre hablamos en términos condicionales utilizando la palabra "potencial" ya que no hay certeza de nada. El mercado es un entorno de total incertidumbre y nuestro foco debe estar en analizar las huellas que estamos observando hasta el momento presente de la manera más objetiva posible con el propósito de intentar determinar hacia dónde se producirá el desequilibrio.

Como hemos estudiado, existen ciertas señales que nos van informando durante la creación de la causa quién se está haciendo con el control del mercado. A continuación vamos a hacer una especie de resumen destacando los puntos más importantes a tener en cuenta a la hora de evaluar el sentimiento del mercado.

1. Tipo de Test en Fase a

Es el primer indicio a evaluar de toda la estructura. La generalidad es simple: vamos a dividir la distancia vertical de la estructura en dos partes y dependiendo de en qué punto se desarrolle el Secondary Test, nos dará cierta información sobre la condición del mercado hasta ese momento. Recordemos:

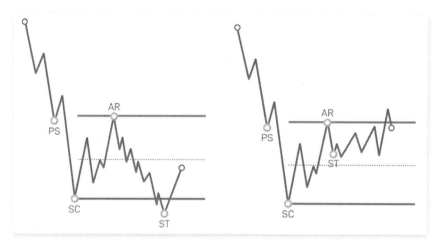

• Un *Secondary Test* que finaliza en la parte media del rango sería visto con una connotación neutral, denotando equilibrio entre los participantes.

• Un Secondary Test sobre el tercio superior del rango denotaría cierto desequilibrio a favor de los compradores.

• Un Secondary Test ligeramente por debajo del mínimo del rango nos sugiere cierto desequilibrio a favor de los vendedores.

Analizar el tipo de test en Fase A es una acción muy temprana del desarrollo de la estructura, pero es interesante ir evaluando desde el inicio con qué condición parte el subsiguiente desarrollo. Se trata de ir sumando indicios a favor de uno u otro lado (compradores contra vendedores).

2. Tipo de Test en Fase B y Reacción

Es la segunda de las huellas con las que podemos evaluar la aparente fortaleza o debilidad que tiene de fondo el mercado.

Desde un punto de vista general vamos a sacar dos conclusiones claras:

- Test sobre la parte superior de la estructura denotaría fortaleza.

- Test a la parte inferior de la estructura denotaría debilidad.

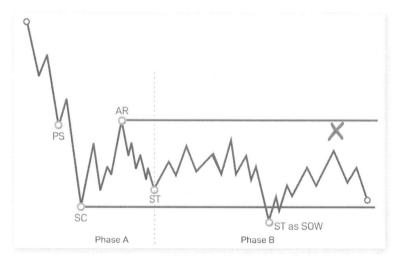

La lógica sobre la que subyacen estas conclusiones es que es imposible que el precio se desplace hasta alcanzar ese extremo de la estructura e incluso provocar cierta penetración si no hay grandes operadores apoyando ese movimiento con convicción. Esto nos da cierta confianza a la hora de determinar si un movimiento tiene armonía en su desarrollo.

En términos generales, al producirse en una fase muy temprana del desarrollo de la estructura, este tipo de test denotaría cierta urgencia en la dirección en la que se produce. Un test al extremo superior sugiere momentum comprador mientras que un test a la parte baja nos indicaría gran debilidad del mercado.

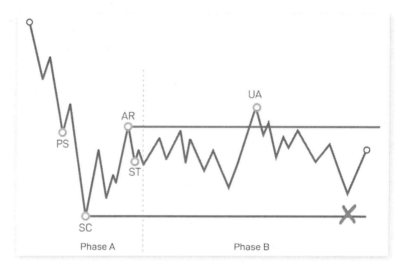

Una posterior evaluación de la acción del precio nos servirá para determinar si ese movimiento ha servido para hacer saltar los stops de los operadores que están posicionados en el lado opuesto, liberando así el mercado de resistencia; o si por el contrario se ha aprovechado el movimiento para entrar agresivamente en la dirección opuesta.

Es decir, un test sobre la parte alta de la estructura que consigue romper aunque sea levemente (UA) los máximos y alcanza esa zona de liquidez tiene estas dos lecturas:

• Por un lado, dicho movimiento puede que haya servido para absorber las órdenes de stop loss de aquellos que están posicionados cortos. Con esto consiguen eliminar esa presión bajista para posteriormente iniciar el movimiento al alza con un menor coste. Esta acción se confirmaría posteriormente al observar que el precio encuentra cierto soporte siendo incapaz a seguir cayendo.

• Por otro lado, puede que otros grandes operadores hayan aprovechado ese movimiento de test a máximos para entrar en venta. Tal acción se confirmaría posteriormente con una visita a mínimos de la estructura, representación genuina de debilidad.

Por tanto, lo que ocurra tras dicho test nos será de gran utilidad para el análisis. Podríamos estar incluso ante el evento de test en Fase C, de ahí la importancia de evaluar la posterior reacción del precio. Una incapacidad a visitar el extremo opuesto nos alertaría de un fallo estructural, huella que añadiría fortaleza en la dirección contraria; ya que si realmente fuera la sacudida en C el precio debería como mínimo alcanzar el extremo opuesto casi de forma inmediata.

Este tipo de comportamientos con test en un extremo y a continuación fallo estructural en el extremo opuesto generalmente son características de los esquemas que inician el movimiento tendencial fuera del rango sin sacudida previa en los extremos totales del rango.

Para el caso del ejemplo acumulativo, el test por arriba (UA) más la incapacidad a alcanzar la parte baja denota mucha fortaleza de fondo y muy probablemente el mercado genere la ruptura alcista desde algún punto intermedio de la estructura (LPS) sin desarrollar ese Spring que siempre buscamos en la parte baja.

En el ejemplo de distribución, el test por abajo (ST as SOW) seguido de la incapacidad de desarrollar un test en la parte alta de la estructura denota mucha debilidad y muy posiblemente el mercado desarrolle un LPSY como evento de test en Fase C.

3. La Sacudida en Fase C

La tercera y principal huella. Se trata del evento dominante en nuestros análisis y planteamientos.

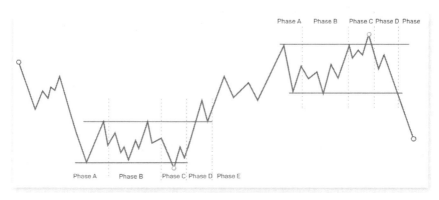

Es el comportamiento que mayor confianza nos otorga a la hora de operar. Una sacudida a una zona de liquidez más el posterior reingreso al rango nos denota un fuerte rechazo del precio a seguir moviéndose en esa dirección y en ese punto el camino de la menor resistencia está hacia el lado opuesto.

El objetivo mínimo de una sacudida es la visita al extremo opuesto de la estructura, y si estamos ante el evento de test en Fase C nos dará origen a la ruptura efectiva y posterior desarrollo tendencial fuera del rango.

Lo más importante a la hora de analizar un gráfico es el presente, lo que está haciendo el precio ahora mismo en relación a lo que venía haciendo. Y lo segundo más importante es lo inmediato anterior al presente. Es decir, que si el movimiento actual viene precedido de una sacudida, esa sacudida es el evento dominante que marcaría el sesgo direccional de nuestro análisis.

Como el control del mercado puede variar durante el desarrollo de la estructura, necesitamos hacer una evaluación continua de la nueva información que va llegando al mercado. Entonces, siempre daremos una mayor relevancia a la última información de la que disponemos.

¿Esto quiere decir que la sacudida tiene mayor importancia que cualquier otra acción que haya ocurrido previamente en el rango? Absolutamente sí. Por la propia naturaleza del movimiento, la sacudida por sí sola debería ser lo suficientemente válida como para sesgarnos a favor de su dirección. Pero cuidado, el problema aquí es determinar la validez de la acción, de si estamos realmente ante una sacudida que va a revertir el mercado. Para esto, para tratar una sacudida con todas las garantías necesitaríamos ver posteriormente el movimiento de intencionalidad que recorre todo el rango de trading. Este es el evento operativo más importante: sacudida y muestra de agresividad en la dirección opuesta.

Se trata de analizar objetivamente y sumar indicios a favor de uno y otro lado. Y recuerda que no siempre aparece dicha sacudida en los extremos. Como bien acabamos de ver en el apartado anterior, saber leer las huellas nos pone en alerta ante el desarrollo inminente del efecto.

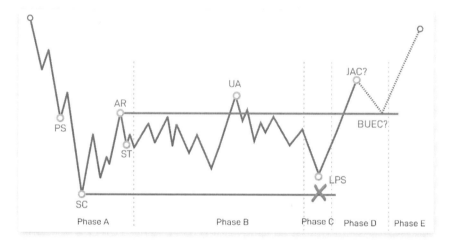

Si estamos en situación de potencial ruptura alcista y previamente no hemos tenido un *Spring* a mínimos de la estructura pero sí tenemos un test en la parte alta y posteriormente un fallo estructural por abajo, sabemos que tales comportamientos son característicos de los esquemas acumulativos cuyo evento de test en Fase C es un simple LPS y por tanto estaremos igualmente en posición de favorecer el BUEC y continuación alcista.

4. La Acción del Precio y el Volumen en Fase D

Esta huella simplemente trata de aplicar la Ley de esfuerzo y resultado entre la acción del precio y el volumen.

Si acaba de suceder realmente una sacudida, tras ésta queremos ver velas que denoten intencionalidad a favor del movimiento subsiguiente. Y esta intencionalidad se representa con unos rangos amplios y un volumen alto (SOS/SOW bar).

El valor real de una sacudida se ve en si ésta tiene continuación o no. Como ya se ha comentado, todas las acciones deben ser confirmadas o rechazadas posteriormente. Podríamos estar en posición de potencial sacudida y tratar inicialmente esa acción como tal; pero si el movimiento subsiguiente que es el de la ruptura de la estructura no se desarrolla, el sentimiento del mercado cambia.

La sacudida es una búsqueda de liquidez pero que además debe ser capaz de generar posteriormente un movimiento con cierto momentum que como mínimo alcance el extremo opuesto de la estructura y que preferiblemente provoque su ruptura.

Por ejemplo, si observamos un potencial *UpThrust After Distribution* (UTAD), idealmente querremos ver que le sigue un movimiento con fuerte momentum bajista que logra romper los mínimos de la estructura para continuar el desarrollo distributivo. Si debido a la condición del mercado no logra romper la estructura, al menos debemos exigirle que alcance esa parte baja dejando tal movimiento como un *minor Sign of Weakness* (mSOW). De no ser así el mercado denotaría cierta fortaleza de fondo y pondría en duda si realmente se trataba de la sacudida alcista (*Upthrust*) genuina.

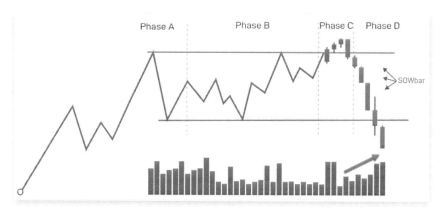

Que el precio se mueva con rangos amplios, buen desplazamiento, cierre en su extremo y acompañadas por un aumento en el volumen es la máxima representación de que ese movimiento está siendo apoyado por grandes operadores. El mercado no podría desarrollar tales movimientos sin la intervención de estos.

En gráficos de marcos temporales inferiores se observará tal movimiento de intencionalidad como una sucesión de máximos y mínimos decrecientes, la representación ideal de un movimiento tendencial bajista sano.

En la acción concreta de la ruptura queremos ver la aparición de un volumen alto que nos sugiera intencionalidad y absorción de todas las órdenes pasivas ubicadas en esa zona de liquidez. Puede que en ocasiones incluso aparezca una vela con amplio desplazamiento y con una mecha en su extremo. Por ejemplo, en caso de intento de ruptura alcista, este tipo de vela con una mecha en su parte superior inicialmente nos podría sugerir la posibilidad de sacudida ya que tal mechazo lo que nos indica objetivamente es la entrada de venta. Pero hay que recordar que estamos en zona de liquidez y que por tanto la ejecución de estas órdenes entraría dentro de lo esperado. La clave está en la capacidad que tengan los compradores para absorber dicha oferta, seguir empujando y no dejar al precio que reingrese al rango.

Si bien es cierto que podríamos ver una ruptura genuina con un volumen bajo (debido a la falta de interés del lado opuesto), en condiciones normales una ausencia de volumen en dicho comportamiento nos pondría inicialmente más en la posición de tratar la acción como potencial sacudida; aunque obviamente habría que esperar a la posterior reacción del precio.

Por tanto, la característica más visual del movimiento de ruptura genuino será observar una vela de rango amplio que consigue cerrar cerca del extremo y que va acompañada por un volumen alto.

5. EL Volumen General Durante el Desarrollo del Rango

La tercera huella en importancia. Como norma general el volumen de forma aislada durante el desarrollo de la estructura también muestra cierto patrón identificable:

- Los procesos de acumulación estarán acompañados de un volumen en disminución durante el desarrollo de la estructura.

- En los procesos de distribución se podrán identificar volúmenes altos o inusuales durante el desarrollo del rango.

Obviamente se trata de unas pautas generales, lo que quiere decir que no siempre será así.

Para el ejemplo acumulativo, un volumen decreciente nos sugiere que se está produciendo un proceso de absorción de la liquidez disponible. Como en un principio hay muchos operadores dispuestos a vender, se produce un mayor número de transacciones, lo que lleva a mostrar unos volúmenes más altos. Según se consume tiempo durante el desarrollo del rango se siguen intercambiando unidades pero obviamente cada vez con menor intensidad, lo que se representa como un volumen en disminución. Para cuando va a dar origen la generación del evento de test en Fase C prácticamente se ha eliminado toda la liquidez flotante en la dirección opuesta hacia donde se está desarrollando la campaña.

Cosa muy distinta ocurre en los procesos distributivos. Una característica importante de estos esquemas es que se suelen desarrollar de una manera mucho más rápida que los acumulativos. Y este es el motivo por el que se pueden ver grandes fluctuaciones en el precio y volúmenes altos y constantes. Esa menor duración obliga a ejecutar las transacciones con cierta celeridad; mientras que en las campañas acumulativas se consume cierto tiempo hasta agotar las existencias, en los procesos de distribución la urgencia por vender provoca un rápido desarrollo acompañado con una alta volatilidad.

6. El Análisis del Indicador Weis Wave

Esta herramienta no tiene nada que ver con respecto a los indicadores convencionales por todos conocidos.

El indicador de las ondas de Weis recoge y analiza los datos del volumen para representar de forma gráfica la acumulación de las transacciones realizadas por movimientos del precio. Es decir, según la configuración que le asignemos, lo primero que hace el código es identificar el punto de inicio y de fin de un movimiento del precio. Una vez que esto está determinado, suma todo el volumen operado durante el desarrollo de ese movimiento y lo representa en forma de ondas.

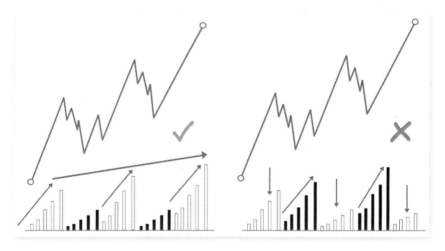

Como se observa en el gráfico, todas las ondas parten desde una base establecida en 0 (igual que el volumen clásico vertical).

Esta herramienta nos sirve básicamente para realizar análisis bajo la Ley de esfuerzo y resultado. A la hora de desarrollar dichos análisis podremos enfocarlo de distintas maneras:

En el desarrollo de movimientos

La regla básica a la hora de buscar armonía y divergencia es que los movimientos que inicialmente tratamos de carácter impulsivo deberían ir acompañador por grandes ondas, ondas crecientes con respecto a las previas, lo que sugeriría un aumento de interés en la dirección de ese movimiento.

Por otro lado, los movimientos de carácter correctivo deberían mostrarse con ondas pequeñas y decrecientes en términos comparativos, sugiriendo cierta falta de interés en dicha dirección.

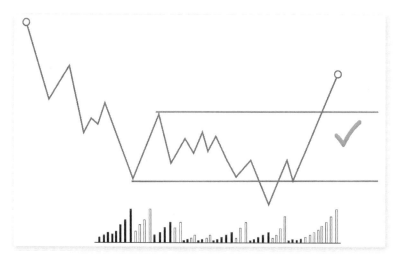

Al alcanzar zonas operativas

De igual manera, un análisis de armonía lo obtendríamos al identificar una gran onda alcista cuyo movimiento del precio logra romper una zona de resistencia. La lectura que hacemos es que ese movimiento de carácter impulsivo ha logrado la rotura efectiva. Con respecto a un análisis que nos sugeriría divergencia sería visualizar el mismo movimiento alcista que rompe una resistencia previa pero lo hace con una onda de Weis muy pequeña, denotando que se ha operado muy poco volumen y por tanto sugiriendo que el gran profesional no está apoyando el movimiento.

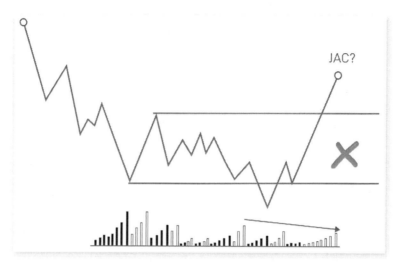

Hay que ser conscientes de nuevo de la importancia de realizar un análisis continuo. Puede que observemos un potencial *Spring* al que le sigue un movimiento alcista acompañado por una gran onda de Weis que consigue romper el Creek de la estructura (hasta aquí el escenario ideal). En ese punto estaremos favoreciendo la continuación alcista (potencial BUEC); pero puede que entre fuerte volumen que haga reingresar el precio de nuevo al rango y se observe una gran onda bajista, sugiriendo ahora la posibilidad de potencial *Upthrust*.

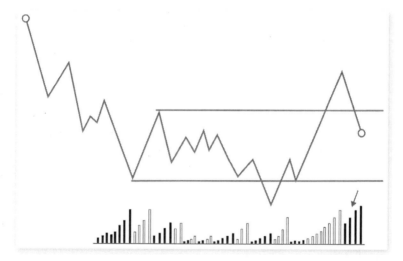

La idea es que simplemente por el hecho de ver que las huellas están a favor del planteamiento inicial éste no tiene por qué desarrollarse sí o sí. Como ya se ha comentado previamente, nueva información está continuamente entrando al mercado y debemos estar pendientes de esto.

En el ejemplo arriba descrito, en situación de potencial BUEC, necesitaremos ver ondas bajistas que denoten falta de interés para plantear con una mayor confianza el escenario alcista.

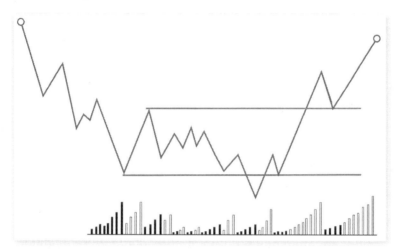

¿CÓMO ANALIZAR UN GRÁFICO DESDE 0?

Esta es una de las primeras barreras que encuentra el trader principiante que comienza por primera vez a analizar gráficos desde el punto de vista de la acción del precio y el volumen.

Lo primero que habría que dejar claro es que un gráfico, cuanto más limpio, mejor. No nos sirve de nada tener cien mil objetos dibujados sobre él. Lo único que conseguimos con esto es ocultar la información que verdaderamente es importante: el precio. Por eso soy partidario de, en cuanto una estructura se ha desarrollado por completo, eliminar absolutamente todo lo etiquetado. De esta manera desechamos la posibilidad de que todo lo graficado pueda interferir en posteriores análisis. Como mucho, dejar dibujados los niveles de las estructuras para visualmente ver de manera rápida de dónde venimos.

En este tipo de análisis donde lo que buscamos es entender cuál es el contexto del mercado se hace indispensable comenzar a realizar el análisis desde marcos temporales superiores para desde ahí ir bajando de temporalidad. ¿Pero desde qué marco temporal en concreto partir? Desde el que sea necesario. Generalmente el gráfico semanal ya mostrará toda la acción del precio relevante y no será necesario subir al gráfico mensual.

Una vez abierto el gráfico, lo primero que vamos a buscar son los eventos de parada de algún movimiento tendencial y la posterior lateralización del precio. En términos operativos y tal como comentamos previamente, lo que nos interesa es ver que el mercado se encuentra construyendo la causa del subsiguiente movimiento; es decir, que se encuentra ya en Fase B.

Obviamente en muchas ocasiones abrirás el gráfico de un activo y no verás absolutamente nada claro, o puede que aún se encuentre en el desarrollo de un movimiento tendencial al que le ha precedido un rango de equilibrio. En estos casos no hay nada que hacer más que esperar a ver ese cambio de carácter que determina la aparición de la Fase A.

En otras ocasiones identificarás esos eventos de parada más la generación de cierta causa en Fase B y puede que el mercado se encuentre en situación de potencial ruptura/sacudida. Es el contexto ideal para bajar de marco temporal.

Se trata de identificar en este marco temporal superior el contexto general para determinar qué escenario sería más interesante trabajar, si plantear entrada en largo o en corto. En definitiva, ubicarnos de forma efectiva sobre el gráfico de más largo plazo nos sirve para sesgar la direccionalidad de nuestros futuros escenarios.

Hasta que no tengamos claro cuál es este contexto del gráfico superior, no podremos bajar de temporalidad.

Bajar de Temporalidad. Estructuras de Mayor a Menor

Una vez que este contexto general está claro; que en base a dónde está el precio sobre el gráfico superior determinamos como más interesante plantear largos o cortos; y que tenemos identificadas las zonas operativas tanto por arriba como por abajo, podremos bajar de temporalidad para comenzar ahí un nuevo análisis.

Podríamos abrir entonces el gráfico de 8, 4 o 2 horas como temporalidad intermedia. No hay una regla fija sobre cuál debería ser en concreto. Guíate porque en él puedas observar una estructura de menor grado que la vista en el gráfico macro.

Una vez realizado el primer análisis más general (sobre el gráfico mensual, semanal o diario), puede que determinemos que la situación del mercado es propicia para buscar una incorporación en compra. En ese punto resultaría interesante ver el desarrollo de una estructura menor de acumulación que apoyara dicha idea. Por ejemplo:

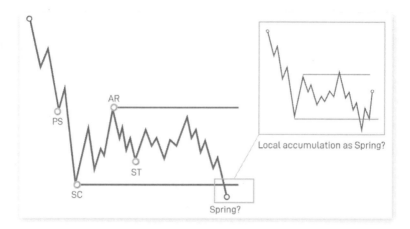

Local accumulation as Spring?

Spring?

• Si estamos en situación de potencial Spring (Fase C) del marco temporal superior, observar huellas en una estructura menor que nos sugiera cierta entrada de compradores sería la situación ideal. Por un lado estamos en una situación operativa interesante de la estructura macro y al mismo tiempo observamos una potencial estructura menor acumulativa que de confirmarse actuaría en función de potencial Spring de la estructura mayor dejándonos un ratio Riesgo:Recompensa extraordinario.

• Si estamos en situación de potencial BUEC (Fase D) tras rotura alcista y el análisis de las huellas acompañan, en esa posición deberíamos favorecer la continuación del mapa de ruta del desarrollo de las estructuras y buscar por tanto una estructura menor de reacumulación en función de test a la estructura rota para proseguir después con el movimiento tendencial fuera del rango.

• Si nos encontramos durante el desarrollo de un movimiento tendencial alcista (Fase E), favoreceremos el desarrollo de estructuras menores de reacumulación para intentar incorporarnos en largos a favor del movimiento. No sabemos el momentum con el que se puede mover el mercado y el desequilibrio a favor de dicha dirección puede que tenga cierta urgencia. Esta urgencia puede generar el desarrollo de rápidas estructuras y es ahí donde queremos estar nosotros.

Esta es la dinámica que tenemos que tener presente con respecto al análisis del contexto, donde estructuras menores encajan dentro de estructuras mayores.

Pero cuidado porque el hecho de que inicialmente estemos sesgados hacia una dirección no debería provocar que no fuéramos totalmente objetivos a la hora de analizar esa estructura menor, porque como ya sabemos, estaríamos en zona clave, zona de liquidez y es susceptible de provocar la entrada de gran volumen al mercado. Es decir:

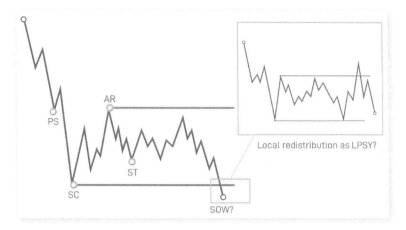

Local redistribution as LPSY?

• La situación de potencial Spring también es al mismo tiempo situación de potencial rotura bajista efectiva. El análisis de la estructura mayor nos puede sugerir hasta el momento que el control lo tienen los compradores; pero si durante el desarrollo de esa estructura menor no observamos estos mismo indicios, y por el contrario vemos la aparición de fuerte venta, no tendría sentido seguir favoreciendo el esquema acumulativo y en lugar de esto deberíamos plantear el escenario bajista.

• La situación de potencial ruptura alcista también es al mismo tiempo situación de potencial Upthrust. Si llegado el momento donde deberíamos favorecer el desarrollo de un esquema acumulativo menor en función de BUEC de la estructura mayor el precio genera una estructura menor de distribución, ésta activaría el escenario corto y dejaría tal estructura distributiva menor en función de Upthrust de la mayor.

De aquí la importancia de tener una mente abierta y no muy rígida con respecto a los sesgos direccionales. Además siempre es necesario tener preparados tanto escenarios en largo como en corto con el objetivo de no dudar llegado el momento de la toma de decisiones.

Si se desea, se puede continuar bajando de temporalidad para el análisis de estructuras. El punto clave es favorecer el desarrollo de las estructuras mayores por encima de las más pequeñas. Con este principio en mente, ya es a discreción de cada operador decidir hasta qué temporalidad bajar. Ten en cuenta que cuanto más bajes, mayor ruido observarás.

Subir de Temporalidad. Estructuras de Menor a Mayor

Otra duda muy recurrente es qué tipo de estructura trabajar, cómo decidir pasar de una estructura a otra.

Es una duda un tanto más compleja que denota ya cierto conocimiento de la metodología. Tras interiorizar todo el conocimiento teórico, el subconsciente comienza a razonar y plantear este tipo de dudas interesantes; y este hecho es tremendamente significativo como señal de que se está haciendo un buen trabajo.

A diferencia de lo que sucede en el análisis del contexto donde se priorizan el desarrollo de las estructuras mayores encajando dentro de éstas a las estructuras menores, cuando se trata de la primera identificación de una estructura vamos a priorizar el desarrollo de las estructuras de marcos temporales inferiores para posteriormente pasar a marcos temporales superiores en caso de que el precio así nos lo indique.

Cuando el mercado se encuentra desarrollando el efecto (movimiento tendencial) de una causa previa (rango acumulativo/distributivo) vamos a estar observando gráficos temporales inferiores principalmente por dos motivos: para identificar estructuras menores con las que poder incorporarnos al movimiento; y para identificar la parada de tal movimiento tendencial.

El primero de esos motivos ya se ha comentado en el apartado anterior y es una de las situaciones por las que bajar de temporalidad. En esta ocasión se trata de analizar en qué momento subir de temporalidad.

En ese contexto de velocidad puede que se comiencen a desarrollar estructuras menores y éstas podrían ser el origen del desarrollo de eventos mayores visibles sobre marcos temporales superiores. Por ejemplo; si el mercado viene cayendo y observamos el desarrollo de un esquema rápido de acumulación sobre un marco temporal pequeño, el efecto de esta acumulación menor puede que sea la generación del evento *Automatic Rally* visible sobre un marco temporal superior.

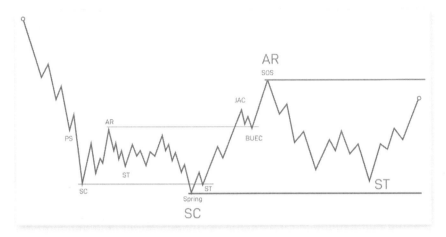

Puede que inicialmente parezca un poco confuso pero no lo es en absoluto. Repito el ejemplo a la inversa: Si el mercado está subiendo durante el desarrollo de la Fase E tras una acumulación, puede que observemos un esquema distributivo que actuará como evento de *Buying Climax*, y el efecto de dicha distribución actuaría como evento de *Automatic Reaction* de algún marco temporal superior.

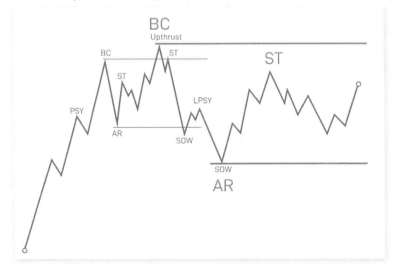

Obviamente no es necesario bajar de marco temporal para la identificación de tales eventos, todo dependerá del tipo de operativa que decidas llevar a cabo. Hay operadores experimentados que operan este tipo de estructuras menores en contra tendencia pero siendo conscientes de que debe tratarse de movimientos de corta duración, acorde a la estructura que se ha desarrollado.

Se trata únicamente de ejemplificar bajo qué condición es razonable subir de marco temporal para tener claro el análisis general.

En este ejemplo real vemos en confluencia una estructura de acumulación fallida que rota hacia una estructura acumulativa mayor.

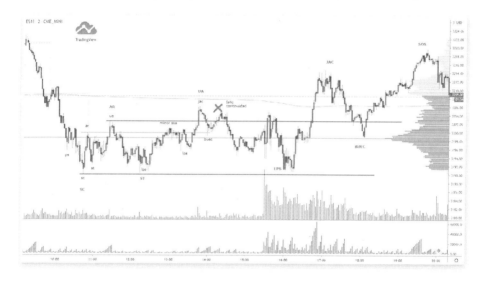

El concepto se ha explicado originalmente como una estructura menor que se desarrolla por completo y que a su vez forma parte de una estructura mayor. En este ejemplo vemos otra manera en que puede aparecer dicho concepto sobre el mercado.

Se observa el desarrollo de todos los eventos de una estructura acumulativa menor y cómo en el momento de la verdad, en posición de potencial BUEC, el mercado deja un fallo de continuidad al alza. Es justo ahí donde el operador quizá quiera plantearse como más lógico la posibilidad de observar toda esa acción del precio en conjunto como si formara parte de una estructura mayor. De esta manera, el *Automatic Rally* del más largo plazo será determinado desde el mínimo del *Selling Climax* hasta el máximo del *Upthrust Action* de la estructura menor. Así mismo el JAC será ahora visto como un simple test que denota fortaleza (UA) y a partir de ahí aparecen el resto de eventos acumulativos.

A destacar desde el primer momento la fortaleza que existía de fondo evidenciado por esa incapacidad del precio a visitar la parte baja de ambas estructuras. Otro detalle interesante es ver que el BUEC mayor lo desarrolla justo sobre el *High Volume Node* que además coincide con el VPOC de toda la estructura.

¿QUÉ HACER CUANDO EL CONTEXTO NO ESTÁ CLARO?

Puede que abramos un gráfico y no veamos absolutamente nada claro. Ni un movimiento tendencial claro, ni una lateralización precedida por una fase de parada. Ante esta situación tenemos dos opciones:

1. Aumentar de marco temporal

Como sabemos, cuanto menor es el marco temporal, mayor ruido observamos. Es muy sano en este tipo de ocasiones subir de temporalidad para ver la imagen general de dónde nos encontramos.

Puede que lo que te parece un caos sobre gráficos intradiarios le veas la lógica en temporalidades superiores.

Si has hecho un buen análisis desde cero tal y como propusimos, habrás pasado desde marcos temporales superiores hasta inferiores. Entonces, simplemente quédate en la temporalidad sobre la que ves más clara la acción del precio y no bajes más allá.

Por ejemplo, si haciendo el análisis del contexto estás bien ubicado en H1, bajas a M15 pero ahí no te sientes cómodo, sube de nuevo a H1 y desecha la posibilidad de analizar gráficos inferiores.

2. Cambiar de activo

Puede que no seas capaz de ubicarte de forma sólida sobre ningún marco temporal. En este punto y teniendo en cuenta la cantidad de activos operables que hay hoy en día, ¿Qué necesidad tenemos de operar algo que no vemos realmente claro? No tiene sentido.

Ya sea que operes acciones, índices, divisas, materias primas o criptomonedas, el número de estos activos operables es suficientemente grande como para no tener que estar forzando los análisis, por lo que si algo no ves claro, directamente pasa a analizar el siguiente.

El Controlador

Esta duda también viene muy bien para identificar uno de los grandes errores que cometen algunos traders al decidir operar solamente un activo. Esto les lleva a querer controlar cada uno de los movimientos del precio, lo que puede llegar a ser desastroso para la cuenta. Esa palabra, control, puede que sea una de las más dañinas en el mundo del trading. Tú no puedes controlar absolutamente nada. Nuestro foco debería estar puesto en operar únicamente las configuraciones más claras y con el mejor ratio riesgo/beneficio posible.

Una cosa muy curiosa es que suele coincidir en que el trader que opera únicamente un activo lo hace sobre marcos temporales pequeños. Es la combinación perfecta para la ruina. Y como seguro que le gustará las etiquetas (por el hecho de querer controlar cada movimiento), pues tenemos a un trader que se está dejando los ojos y la mente intentando descifrar cada uno de los movimientos y que encima prácticamente no ve lo que hace el precio ya que tendrá un gráfico de 1 o 2 minutos lleno de etiquetas.

Vamos a alejarnos de esto porque es imposible que alguien pueda aguantar así durante mucho tiempo. El gasto energético es brutal y la capacidad de concentración que se requiere para mantener un nivel óptimo de juicio es altísima. Realmente muy pocos estarán capacitados para hacer este tipo de trading. La inmensa mayoría estamos abocados a sufrir un grave distrés.

Subamos de marco temporal y abarquemos más activos. Sin duda es bueno especializarse en algún mercado (ya que cada uno tiene sus propias peculiaridades con respecto a mejores horarios, volatilidad etc.), pero no te centres exclusivamente en uno. Ten una lista de unos pocos (aunque sean 3 o 4) a los que hacerle seguimiento y especialízate si quieres en ellos.

Por último, comentar que además de todo esto seguimos olvidando que gran parte de los movimientos del mercado tienen una naturaleza aleatoria; y esto quiere decir simple y llanamente que no tienen una intencionalidad direccional detrás de ellos. Como ya vimos al comienzo del libro, algunos de los rangos fluctúan hacia arriba y hacia abajo sin ninguna intencionalidad detrás, sin construir ningún tipo de causa. Se trata de pura aleatoriedad. Son aquellos rangos en los que no se ve absolutamente ninguna huella clara y no se puede hacer un análisis juicioso sobre quién puede tener el control del mercado. Hay que ser conscientes de esto también.

PARTE 8 - OPERATIVA

Nuestras decisiones de trading e inversión se van a sustentar sobre los tres elementos más importantes a tener en cuenta en la lectura discrecional de gráficos, por orden: el contexto, las estructuras y las zonas operativas.

1. El Contexto

El contexto es la combinación y sucesión de los eventos y fases de la metodología, y nos ofrece principalmente dos ventajas operativas:

- Nos dice qué hacer, qué priorizar (compras o ventas).

- Nos ofrece un mapa de ruta claro en donde en todo momento sabremos qué esperar que haga el precio a continuación.

Tiene que ver principalmente con lo que hay a la izquierda del gráfico, tanto en la temporalidad que se decida operar como en alguna temporalidad superior.

La regla vital con respecto al contexto está clara: operar a favor de la estructura mayor. Esto quiere decir que, debido a la fractalidad, los mercados desarrollan múltiples estructuras al mismo tiempo pero en temporalidades distintas. Pero siempre deberemos priorizar el desarrollo de la estructura de mayor largo plazo sobre el resto de estructuras que se puedan desarrollar en marcos temporales inferiores. Esta es la manera más lógica que tenemos para sesgar la direccionalidad de nuestra operativa. Acabamos de ver este concepto del contexto en el apartado anterior sobre estructuras de mayor a menor.

Por ejemplo, si nos encontramos tras la rotura alcista en una potencial estructura de acumulación de un marco temporal superior, sobre dicha zona vamos a favorecer el desarrollo de una estructura menor de reacumulación que actuará en función de BUEC de la estructura mayor.

En ese ejemplo vemos cómo nuestro análisis se ha sesgado (favoreciendo el desarrollo de una reacumulación) en base a lo que el precio venía haciendo hasta llegar a ese punto (la potencial estructura de acumulación principal). Esta es la importancia del contexto.

Además de ofrecernos oportunidades operativas con una mayor seguridad, identificar el contexto nos sirve también para no buscar operaciones en el lado equivocado del mercado. Es decir, si nuestro análisis estructural nos dice que el mercado podría estar acumulando, a partir de ese momento sólo trataremos de buscar operaciones en compra; tratando de desechar alguna oportunidad en venta que podamos identificar, al menos mientras estés dando los primeros pasos y no temas la suficiente experiencia.

Esto es muy importante ya que finalmente puede que no seamos capaces de encontrar la manera de incorporarnos al movimiento alcista en curso, pero al menos evitaremos estar posicionados en el lado equivocado del mercado, que en este ejemplo sería el lado corto. No seremos capaces de ganar, pero al menos tampoco perderemos.

2. Las Estructuras

Es la piedra angular de la metodología Wyckoff. Nuestra tarea es intentar comprender qué sucede dentro de las estructuras, quién está ganando el control entre compradores y vendedores.

Aquí es donde entra la importancia de haber estudiado a conciencia todo el apartado teórico. Las estructuras nos proveen un mapa de ruta claro que guiará nuestros planteamientos de escenarios. Por ejemplo:

- Si estamos en Fase B construyendo la causa, vamos a esperar al precio en los extremos de la estructura para buscar la acción de ruptura/sacudida.

- Si estamos en posición de confirmar una sacudida, vamos a esperar que el precio alcance con cierto momentum el extremo opuesto.

- Si estamos en posición de potencial ruptura genuina, vamos a esperar algún tipo de test a la estructura rota para continuar el desarrollo fuera del rango.

Muchos son los operadores que subestiman el enfoque de la metodología Wyckoff aludiendo a que fue desarrollado bajo unas condiciones de mercado muy distintas a las actuales. Esto es totalmente cierto ya que las tecnologías que disponían a finales del siglo XX, así como la propia estructura del mercado han cambiado considerablemente con respecto a los tiempos más modernos.

Lo que no ha cambiado es que al final se trata de interacción entre oferta y demanda. Independientemente del origen que ejecuta las órdenes de los participantes, esta interacción deja su huella en el precio en forma de estructuras que se repiten continuamente.

La lógica de las estructuras se basa en que, para que el precio pueda girarse, necesita acumular o distribuir en un protocolo que requiere tiempo y se desarrolla de forma sistemática. Aunque en ocasiones los mercados generan rápidos esquemas de giro, esto no es lo normal y por tanto deberíamos centrarnos en el desarrollo completo de las estructuras.

Este protocolo sigue a grandes rasgos una serie de pasos (fases y eventos) que nos permiten conocer cuándo posiblemente va a girarse el precio. Si no conocemos realmente cómo se mueve el mercado desde este punto de vista de desarrollo de estructuras es imposible que podamos plantear escenarios juiciosos. Por eso lo primero es interiorizar cómo se desarrollan generalmente esos procesos de acumulación y distribución:

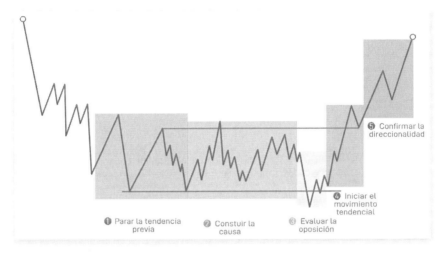

1. Parar la tendencia previa

2. Construir la causa

3. Evaluar la oposición

4. Iniciar el movimiento tendencial

5. Confirmar la direccionalidad

Lo que ha hecho la metodología Wyckoff es poner una lupa en cada uno de esos pasos y crear una disciplina cuyo objetivo es evaluar las huellas que deja la interacción de la oferta y la demanda en el precio y el volumen para discernir hacia dónde es más probable que se esté desequilibrando el control del mercado. Esta es la tarea del operador Wyckoff.

3. Zonas y Niveles Operativos

El principio subyacente es la teoría de la subasta y la necesidad del mercado por facilitar la negociación. Ya hemos hablado previamente de esto. Los grandes operadores necesitan encontrar otros operadores con los que poder casas sur órdenes a la hora de abrir y cerrar operaciones (contrapartida). Es por ello que aprovechan los movimientos de sacudida para abrir posiciones, y las mantienen hasta alcanzar ciertos niveles donde volverán a encontrar la liquidez suficiente para cerrar esas posiciones.

La clave está en que estas zonas operativas actúan como imanes del precio porque generan el suficiente interés como para hacer que distintos operadores quieran colocar sus órdenes pendientes sobre ellos (atraer liquidez). Y esta liquidez es lo que hace que el precio tienda a acudir a ellos.

Por ejemplo, los grandes operadores que han comprado fuertemente sobre una sacudida bajista (*Spring*), necesitarán mantener la posición abierta al menos hasta encontrar otra zona importante de liquidez que le permita poder cerrar esas compras. Como lo que ellos quieren ahora es tomar beneficios (cerrar posiciones de compra = vender), necesitan volumen comprador; operadores dispuestos a comprar sus órdenes de venta.

Es por ello que casi obligatoriamente necesitan visitar estas zonas/niveles en los que hay ubicados una gran cantidad de órdenes pendientes de ejecución (liquidez), zonas como los extremos de las estructuras y niveles como los que ofrece la herramienta de Volume Profile.

Niveles de Volume Profile

El Volume Profile es una disciplina basada en una herramienta sofisticada que analiza el volumen operado por niveles de precio y nos identifica aquellos que mayor y menor interés han generado.

Sirve para identificar niveles operativos basados en el volumen que nos serán muy útiles para distintos objetivos, entre ellos para la búsqueda de oportunidades operativas.

Existen diferentes tipos de perfiles (sesión, rango y Composite) así como distintos niveles, siendo los más destacados:

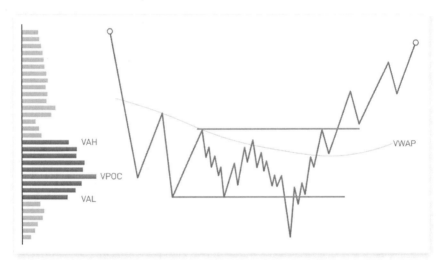

VPOC. *Volume Point Of Control.* Determina el nivel más operado del perfil y por tanto identifica el precio con mayor aceptación tanto por compradores como por vendedores. La lógica detrás de este nivel de volumen es que, como previamente ya ha sido un nivel en el que tanto compradores como vendedores se han encontrado cómodos cruzando sus contratos, muy posiblemente en el futuro siga teniendo la misma percepción para todos los participantes, provocando cierto magnetismo hacia él.

Por tanto, será recomendable tener bien identificados los VPOC de las sesiones previas, el de la sesión en curso, así como los *Naked* VPOC (antiguos VPOC que no han sido testeados de nuevo).

VWAP. *Volume Weighted Average Price.* Determina el precio promedio ponderado por volumen al que se ha negociado un valor durante el período seleccionado. Al ser un nivel de referencia para los operadores institucionales provoca que siempre haya sobre él una gran cantidad de órdenes pendientes de ejecución, y ya sabemos que dichas órdenes actúan como un imán para el precio.

Se puede seleccionar el VWAP del período temporal que mejor se adapte a nuestra operativa. En general, el VWAP de la sesión será más útil para los operadores intradiarios; siendo niveles de mayor referencia el VWAP semanal y mensual.

Dentro del Volume Profile existen otros niveles que se podrían tener en cuenta para el análisis, como los nodos de volumen (**High y Low Volume Node**) y las áreas de valor (**Value Area High y Low**); pero los arriba comentados son sin duda los más interesantes para la operativa.

Una confluencia de niveles que añadiría solidez al escenario sería por ejemplo entrar en corto en un potencial LPSY (tras la rotura bajista de la estructura) y que sobre la zona adecuada (contexto) se desarrolle nuestra vela gatillo (*SOWbar*) cuyo rango alcance en su parte superior algún nivel de volumen (VPOC/VWAP) denotando un rechazo a seguir subiendo. Podría entrarse al finalizar el desarrollo de esa vela de intencionalidad bajista y ubicarse el Stop Loss por encima de la *SOWbar*, por encima del Ice roto y por encima del nivel de volumen rechazado.

Esta herramienta añade objetividad a nuestros análisis, y en confluencia con la lectura del mercado que nos ofrece la metodología Wyckoff nos capacita para determinar mejor quién probablemente tiene el control del mercado. También es importante destacar que estas zonas operativas de volumen no solamente es recomendable tenerlas en cuenta para buscar sobre ellas nuestro gatillo de entrada, sino que también son útiles al objeto de ubicar nuestro Stop Loss y para la toma de beneficios. Para comprender mejor cómo combinar Wyckoff y Volume Profile te animo que estudies mi último libro "Wyckoff 2.0".

POSICIONES PRIMARIAS

Dentro de la metodología están muy bien definidas las únicas zonas sobre las que se valorarán tomar una posible operación:

- En Fase C, en zona de potencial sacudida

- En Fase D, durante el desarrollo del movimiento tendencial dentro del rango y en el test tras la rotura

- En Fase E buscando tests en tendencia o estructuras menores a favor de la estructura mayor.

Vamos a pasar a detallar las distintas zonas sobre las que buscaremos operar, así como los distintas acciones que podemos usar como gatillos de entrada al mercado.

A la hora de comparar ventajas y desventajas con respecto al ratio Riesgo:Recompensa entre unas y otras posiciones operativas la clave que hay que valorar es que a mayor desarrollo de la estructura mayor confianza tendremos en las operaciones, pero menor será el potencial beneficio debido a eso mismo. Sería lo mismo decir que, cuanto antes obtengamos las señales, mayor potencial recorrido y menor fiabilidad.

En Fase C

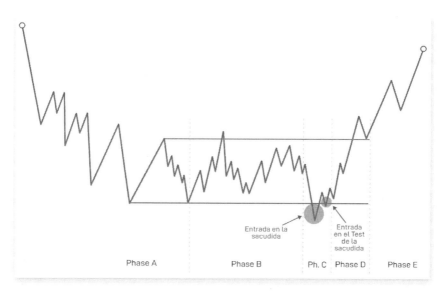

Esta es la posición que mejor ratio Riesgo:Recompensa nos ofrece ya que nos encontramos en uno de los extremos de la estructura y el potencial movimiento es relativamente amplio.

La parte negativa de entrar en esta ubicación es que son entradas menos precisas ya que hasta ese momento el desarrollo del rango ha tenido una duración menor en comparación con las otras dos posiciones operativas.

Entrada en la sacudida

Únicamente recomendable si la sacudida se realiza con un volumen relativamente bajo. Como sabemos, los volúmenes altos tienden a testearse para verificar el compromiso de esos operadores, por tanto lo más sensato es esperar una nueva visita a esa zona.

Con esto en mente no tendría mucho sentido entrar directamente sobre una sacudida que se ha desarrollado con mucho volumen cuando lo más probable es que desarrollen dicho test. Y normalmente este test nos podrá ofrecer un ratio Riesgo:Recompensa aún mejor.

Las sacudidas son fácilmente identificables ya que se producen en los extremos de la estructura. No sería necesario ni monitorizar el desarrollo del rango minuto a minuto, bastaría con colocar una alerta en los extremos de la estructuras y en caso de alcanzarlas ya estaremos en disposición de valorar la oportunidad operativa.

Entrada en el test de la sacudida

Es una de las entradas favoritas de todos los operadores Wyckoff. Tras la sacudida, esperar una nueva visita sobre la zona con estrechamiento en los rangos y disminución del volumen (ver Evento n°4: Test).

Uno de los puntos importantes de dicho test es que debería mantenerse y no hacer un nuevo extremo. Es decir:

• Para el ejemplo del test del *Spring*, éste debería quedarse por encima del mínimo que establece el *Spring*.

• Para el ejemplo del test del *Upthrust*, debería quedarse por debajo del máximo que establece el *Upthrust*.

Entrada en el último punto de apoyo

Esta tipo de entrada es mucho más difícil de ver ya que sólo sabemos que se trata del último punto de apoyo (LPS/LPSY) después de haberse producido la rotura efectiva de la estructura (Esquemas básicos #2).

La Fase C puede generarse o bien con una sacudida o bien con este evento de último punto de apoyo. Gracias a la propia acción de la sacudida (barrida de una zona de liquidez previa en el extremo de la estructura) sabemos cuándo ésta se está desarrollando. Cosa muy distinta sucede con el último punto de apoyo, ya que no podemos saber en ningún momento cuándo se puede estar desarrollando este evento, siendo en muchos casos inoperable.

En Fase D

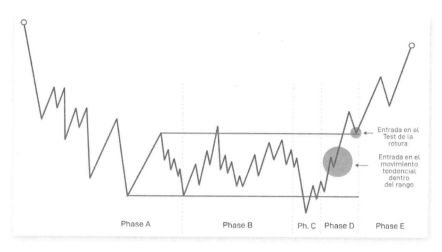

Phase A   Phase B   Ph. C   Phase D   Phase E

Si la sacudida y su test son exitosos, deberíamos ver ahora una muestra de intencionalidad que llevara al precio en dirección del extremo opuesto. Este es el contexto con el que trabajaremos.

Para poder beneficiarnos de este planteamiento, tenemos distintas maneras con las que entrar el mercado.

Entrada en el movimiento tendencial dentro del rango

Durante el movimiento del precio desde un extremo a otro nos puede ofrecer distintas posibilidades de entrada:

Con vela de intencionalidad

Una de ellas sería esperar a la aparición de nuevas velas de intencionalidad (*SOS/SOW bars*). Es la señal definitiva del interés profesional. Si durante el desarrollo de ese movimiento tendencial dentro del rango observamos buenas velas de tendencia, siguen siendo oportunidades muy interesantes para entrar al mercado.

Con estructura menor

Otra manera de incorporarnos sería buscar alguna estructura menor a favor de la direccionalidad de la sacudida. Por ejemplo:

• Si acabamos de identificar un *Spring* y su test, puede que en mitad de la estructura podamos bajar de temporalidad para buscar una estructura menor de reacumulación que nos diera el gatillo para comprar.

• Si identificamos un *Upthrust* más su test, podríamos bajar de temporalidad a partir de ahí y buscar estructuras menores de redistribución para subirnos al movimiento tendencial bajista.

Con sacudida menor

Por último, en esta zona de la estructura también podríamos buscar sacudidas menores. Se denominan menores porque sacuden máximos o mínimos locales ubicados dentro de la estructura; no sobre los extremos totales de la estructura.

Esta es otra muy buena forma de entrar para el caso en que no se quiera bajar de temporalidad y buscar una estructura menor. En realidad, el patrón de la sacudida menor y de la estructura menor es el mismo, aunque la estructura menor ofrecería un mejor ratio Riesgo:Recompensa al bajar de temporalidad.

Tanto las estructuras menores como las sacudidas menores deberíamos etiquetarlas como último punto de apoyo (LPS/LPSY) ya que son giros a favor del movimiento tendencial que se produce dentro de la estructura.

Entrada en el test de la rotura (Evento n°7 de Confirmación)

Como ya comentamos en el capítulo que trata este evento, era la posición operativa favorita de Richard Wyckoff por todo lo que el gráfico le podía decir hasta ese momento.

El potencial recorrido para establecer la toma de beneficios es menor pero en cambio tenemos a la izquierda todo el desarrollo de la estructura, lo que nos otorga una mayor probabilidad de que vamos a posicionarnos junto con los grandes profesionales y a favor de la menor resistencia.

En Fase E

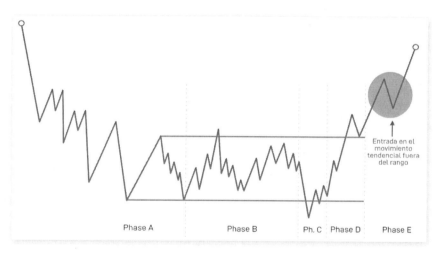

Tras la confirmación de que estamos ante una rotura efectiva e inicio inminente del movimiento tendencial fuera del rango, debemos enfocarnos ahora en buscar oportunidades operativas a favor de la acumulación/distribución precedente.

Este tipo de operaciones son las más "seguras" ya que estamos posicionados a favor de la última acumulación o distribución. Sin embargo, la desventaja la encontramos en que el potencial recorrido es menor aunque todo dependerá de la cantidad de causa que se haya construido previamente durante la estructura.

Entradas en el movimiento tendencial fuera del rango

Al igual que la operativa en el entorno tendencial de Fase D, podemos valorar diferentes posibilidades para entrar al mercado:

Con vela de intencionalidad

En ocasiones el mercado se moverá en un entorno muy volátil y esta velocidad posiblemente nos deje sin posibilidad de incorporarnos al mercado si estamos esperando la entrada perfecta.

Para intentar mitigar esto, podríamos entrar a favor del movimiento simplemente tras la aparición de nuevas velas de intencionalidad (*SOS/SOW bar*).

Son bastantes las señales que tenemos en ese punto a favor de dicho movimiento por lo que una nueva aparición de este tipo de velas que nos denotan la intervención profesional puede ser la excusa perfecta para lanzar nuestras órdenes al mercado.

Con estructura menor

Si la estructura principal que previamente hemos identificado se encuentra en temporalidad de 4 horas o 1 día, podría ser interesante bajar a un marco temporal de 1 hora o inferior para buscar ahí el desarrollo de una estructura menor que nos dejar incorporarnos a favor del movimiento tendencial.

Esto quiere decir que si tenemos una estructura macro de acumulación por debajo, lo más interesante para subirnos al movimiento alcista sería bajar de temporalidad y buscar una estructura menor de reacumulación.

De igual manera, si lo que muestra el mercado es una estructura principal de distribución por encima del precio actual, lo más recomendable sería bajar de temporalidad y buscar una estructura menor de redistribución.

Con sacudida

Debería tratarse exactamente igual que la entrada con sacudida de la Fase C. Es el mismo evento con la única diferencia de la ubicación en donde se desarrolla.

La metodología distingue estos eventos de sacudida dependiendo de la ubicación. Cuando éstas se producen en mitad del movimiento favor de tendencia las denomina *Ordinary Shakeout* y *Ordinary Upthrust*.

Además de la diferencia de la ubicación, este tipo de sacudidas puede que aparezcan con una preparación menor de la estructura de continuación (reacumulación o redistribución) debido a que el mercado ya está en marcha.

Como hemos comentado, la operativa en Fase E sería la más segura entre comillas porque estamos posicionándonos a favor de la última acumulación o distribución ya confirmada. Y sabemos que mientras no se desarrollen al menos los primeros eventos de una Fase A de parada de la tendencia previa, lo más lógico es pensar en una continuidad del movimiento actual.

Tabla Resumen de las Oportunidades Operativas

Sentido	Fase C			Fase D		Fase E
	En la sacudida	En el test de la sacudida	En el último punto de apoyo	En el movimiento tendencial dentro del rango	En el test de la rotura	En el movimiento tendencial fuera del rango
Compra	Spring # 3	Test del Spring # 1 #2	Last point of support	• Sign of strength bar • Estructura menor de reacumulacion • Spring menor	Last point of support "Vela de test no Supply"	• Sign of strength bar • Estructura menor de reacumulacion • Ordinary Shakeout
Venta	Uptrust sin volumen	Test del Upthrust	Last point of supply	• Sign of weakness bar • Estructura menor de redistrubucion • Upthrust menor	Last point of supply "Vela de test no Demand"	• Sign of weakness bar • Estructura menor de redistrubucion • Ordinary Upthrust

Gestión de la posición

Todo lo estudiado hasta el momento ha tenido como único objetivo prepararnos para llegar en las mejores condiciones al momento crítico de todo trader: la toma de decisiones final.

Una vez que ya tenemos identificadas las zonas sobre las que vamos a esperar al precio y planteados los posibles escenarios que queremos ver antes de tomar acción, vamos a detallar en profundidad algunos conceptos más propios de la operativa.

La gestión de la posición aumenta su importancia a medida que se reduce la temporalidad de la operación. Si bien es cierto que afinar con el momento de la entrada (timing) es decisivo para mejorar el rendimiento de cualquier operación, cuando se trata de operaciones del más corto plazo el timing es vital. Nuestro objetivo como operadores es incorporarnos al mercado justo en el preciso momento en el que va a generarse un desequilibrio que empujará al precio a favor de nuestra posición.

Entrada

Calcular el tamaño de la posición

Como no sabemos cuál será el resultado de la siguiente operación, y con la premisa básica de preservar el capital, debemos calcular el tamaño óptimo de cada posición para arriesgar la cantidad adecuada con el objetivo de maximizar el potencial beneficio manteniendo el riesgo controlado.

Una manera muy útil de llevar a cabo una gestión adecuada del riesgo es calcular el tamaño de la posición en base a la distancia que hay entre el nivel de entrada y el nivel de *stop loss*, es lo que se conoce como gestión por riesgo fijo. Esto quiere decir que por cada posición se va a arriesgar un porcentaje del tamaño total depositado en el Bróker, siendo lo más recomendable que este porcentaje no sobrepase del 2%.

Los elementos fundamentales a la hora de determinar cuánto vamos a arriesgar por operación son:

- Conocer el valor de las unidades de fluctuación de ese mercado.

- Distancia donde ubicaremos nuestros niveles de entrada y de Stop Loss.

- Porcentaje de la cuenta que vamos a arriesgar.

Con esta información aplicamos procederemos a calcular el tamaño de la posición. En internet podemos encontrar multitud de herramientas que nos facilitan esta tarea del cálculo del tamaño de la posición. Os dejo por aquí algunas de las más sencillas de utilizar tanto para forex como para futuros y acciones:

https://www.dailyforex.com/forex-widget/position-size-calculator

https://evilspeculator.com/futuresRcalc

https://chartyourtrade.com/position-size-calculator

La distancia que hay entre el nivel de entrada y el nivel de stop loss va a determinar ese porcentaje a arriesgar en la operación (por ejemplo un 1%). A partir de ahí, la distancia a la que ubiquemos el *take profit* va a determinar el ratio R:R (Riesgo:Recompensa) que nos ofrecerá esa operación.

- Un 1% de una cuenta de 5000€ son 50€. Si nuestra operación nos ofrece un ratio de 1:3, con este tipo de gestión los posibles resultados monetarios serían: ganar 150€ o perder 50€.

El tema de la gestión de la posición es sólo una parte de la gestión del riesgo. En mi primer libro "Trading e Inversión para principiantes" dedicamos un apartado más amplio a desarrollar esta tarea abordando los conceptos que incluye la gestión del capital, gestión monetaria, gestión de la operación e incluso gestión de cartera; por lo que te recomiendo encarecidamente su estudio.

Gatillo de entrada

Es complicado determinar cuándo el precio realizará un giro de mercado en el corto plazo. La manera más fácil de determinarlo es a través de la confirmación: la confirmación de que un movimiento ha finalizado.

Con el gatillo de entrada lo que buscamos es identificar la presencia de las instituciones en el corto plazo que entran para forzar ese giro en el precio. Y la herramienta que utilizaremos para este fin serán las velas de intencionalidad.

Estas velas representan desequilibrio a favor de una u otra dirección. Compradores o vendedores se han hecho con el control negociando de manera más agresiva que el lado contrario provocando un significante giro en el precio.

Las velas de intencionalidad están formadas por un cuerpo de gran tamaño y rango amplio cuyo precio de cierre estará en el tercio final y además viene acompañada por un volumen relativamente más alto que el visto previamente. Un ejemplo de este tipo de velas son las anteriormente presentadas como SOSbar (*Sign of Strength Bar*) y SOWbar (*Sign of Weakness Bar*):

- **Sign of Strength Bar** (SOSbar). Clara intencionalidad por parte de los compradores. Generalmente se representan mediante una vela alcista con cuerpo y rango amplios, cierre en el tercio superior y volumen moderadamente alto.

- **Sign of Weakness Bar** (SOWbar). Agresividad por parte de los vendedores. Aparecen mediante una vela bajista, con cuerpo, rango amplios y cierre en el tercio inferior y volumen moderadamente alto.

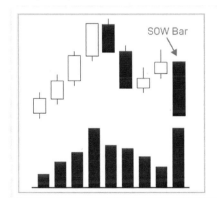

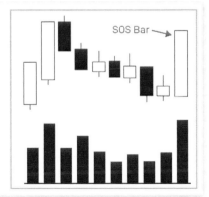

Cuanto más potentes sean este tipo de velas y más niveles donde se supone que habrá resistencia en esa dirección sea capaz de romper, tanto mejor. Esta es una buena forma de evaluar también el compromiso de los grandes operadores por empujar el precio en la dirección del movimiento actual:

- Máximos y mínimos de velas.

- Máximos y mínimos locales del precio.

- Líneas de tendencia.

- Estructuras menores en la dirección opuesta.

- Algún nivele operativo de Volume Profile.

Una barra con estas características denota intencionalidad y generalmente estará asociada a presencia institucional. Dado que asumimos presencia institucional, esperamos que el precio se siga moviendo en esa dirección.

Órdenes de entrada

Ante la aparición de nuestro gatillo de entrada sólo nos queda lanzar nuestras órdenes para entrar al mercado. Para ello tenemos distintos tipos de órdenes disponibles, siendo las principales:

Órdenes Market

Nos permite entrar al mercado de manera agresiva sobre el último precio de cruce. Se ejecuta de manera inmediata al mejor precio de compra y venta disponible (Best BID/ASK). Garantiza la ejecución de la orden pero no así el precio específico al que se ha ejecutado debido al constante cambio en la cotización y a la aplicación del Spread. Una vez lanzada la orden no puede cancelarse ya que se ejecuta automáticamente.

- Si queremos comprar la orden será una Buy Market y será ejecutada al precio actual.

- Si queremos vender la orden será una Sell Market y será ejecutada al precio actual.

Órdenes Stop

Nos permite entrar al mercado de manera pasiva a favor del movimiento. Se ejecuta a un precio específico. Cuando el precio la alcanza se convierte en una orden a mercado (Market) y se ejecuta por tanto al mejor precio disponible (Best BID/ASK).

- Si queremos comprar la orden será una Buy Stop y estará ubicada por encima del precio actual.

- Si queremos vender la orden será una Sell Stop y estará ubicada por debajo del precio actual.

Órdenes Limit

Nos permite entrar al mercado de manera pasiva en contra del movimiento. Se ejecuta a un precio específico. Se garantiza la entrada o salida en ese precio determinado pero no se garantiza la ejecución. Es decir, que el precio podría no ir nunca a visitar dicho nivel y por tanto no se ejecutaría nuestra orden, o incluso ser solo parcialmente ejecutadas. Mientras no se ejecuten pueden eliminarse en cualquier momento.

- Si queremos comprar la orden será una Buy Limit y estará ubicada por debajo del precio actual.

- Si queremos vender la orden será una Sell Limit y estará ubicada por encima del precio actual.

Stop Loss

Es la herramienta que utilizamos para asumir pérdidas y salir del mercado en caso de que el mercado vaya en nuestra contra.

La naturaleza de este tipo de orden siempre tendrá la naturaleza inversa a la orden utilizada previamente en la apertura de la posición: si tenemos una posición larga el Stop Loss será una venta; y si tenemos una posición corta el Stop Loss será una compra.

Con respecto a su ubicación, se trata de colocar el *Stop Loss* en el punto sobre el que, de ser alcanzado se invalidaría el escenario planteado. Para ello, debemos tener en cuenta ante qué tipo de entrada de las que nos propone la metodología nos encontramos.

Como regla general, vamos a ubicar el *stop loss* al otro lado de la dirección en que se ha desarrollado la vela de intencionalidad (*SOS/SOWbar*), y al otro lado de todo el escenario. Al utilizar ese tipo de señales lo que estamos identificando es un desequilibrio en el más corto plazo y por tanto, si estamos acertados en el análisis debería iniciarse el movimiento impulsivo que estamos esperando. Todo lo que no sea eso ya no nos interesa permanecer dentro del mercado porque el mensaje que nos estaría lanzando es que aún no está preparado para moverse en esa dirección; y por tanto, puede que antes de ir el sentido que inicialmente hemos planteado tenga que realizar algún otro movimiento, y ahí ya no nos interesa permanecer dentro.

Entradas en la sacudida

Para entradas directamente en la sacudida el *stop loss* debería ubicarse al otro lado del extremo:

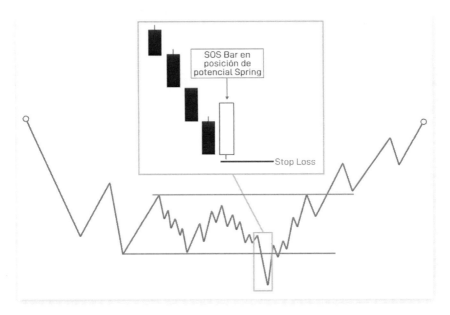

- En un *Spring* el stop debería estar por debajo del mínimo.

- En un *Upthrust* el stop debería estar por encima del máximo.

Entradas en en test de la sacudida

Para entradas al test de la sacudida tenemos dos posibles ubicaciones. Una sería al otro lado de la vela de intencionalidad y otra sería al extremo de todo el escenario:

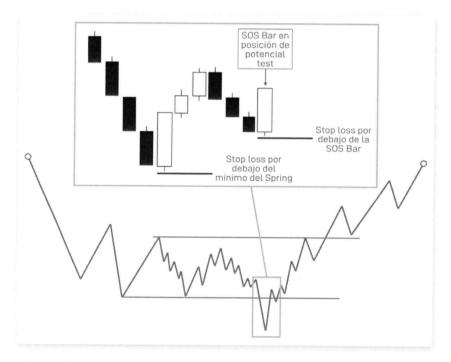

• En el test del *Spring* el *stop* podría estar o por debajo de la *SOS-bar* o por debajo del mínimo del *Spring*.

• En el test del *Upthrust* el *stop* podría estar o por encima de la *SOWbar* o por encima del máximo del *Upthrust*.

Entradas con estructuras menores

Para entradas con estructura menor lo más recomendable es ubicar el *stop loss* al extremo de todo el escenario:

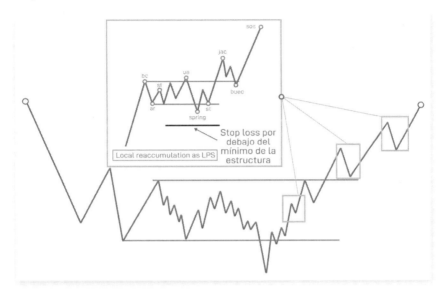

• En estructuras menores de reacumulación, por debajo del míni- mo de la estructura.

• En estructuras menores de redistribución, por encima del máxi- mo de la estructura.

Entradas al test de la ruptura

Para entradas al test de la rotura, el *stop loss* estaría alejado del nivel roto y de la vela de intencionalidad en caso de que la hayamos utilizado como gatillo de entrada:

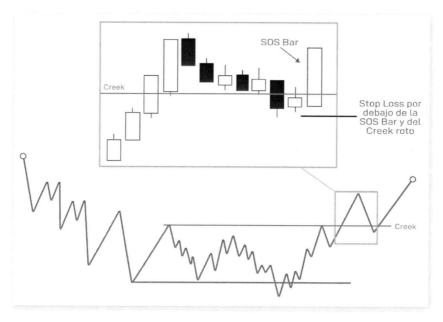

• En el test tras rotura alcista (BUEC/LPS) el stop debería estar por debajo de la *SOSbar* y por debajo del *Creek* roto.

• En el test tras rotura bajista (FTI/LPSY) el stop debería estar por encima de la *SOWbar* y por encima del *Ice* roto.

Si no te ofrece mucha confianza esta ubicación por parecer que está demasiado cerca, otra idea podría ser colocarlo en la parte media de la estructura, asumiendo que si el precio alcanza dicho nivel, más que una rotura efectiva podríamos estar ante una sacudida.

Take Profit

La utilizamos para salir del mercado obteniendo beneficios y siempre tendrá la naturaleza inversa a la orden utilizada previamente en la apertura de la posición. Es decir, que si estamos comprados, el Take Profit será una orden de venta; y si lo que hicimos es abrir una posición en corto (venta), el Take Profit será ahora una orden de compra.

Con respecto a su ubicación, originalmente la metodología Wyckoff utilizaba los gráficos de punto y figura para determinar los potenciales objetivos a alcanzar por el precio. Entendemos que la estructura del mercado hoy en día ha cambiado demasiado como para seguir utilizando dicha herramienta y por tanto, operativamente parece mucho más útil emplear otras.

Teniendo como base el análisis puro de la metodología Wyckoff, vamos a enumerar las posibles acciones que podemos utilizar para tomar beneficios:

Por evidencia de acción climática

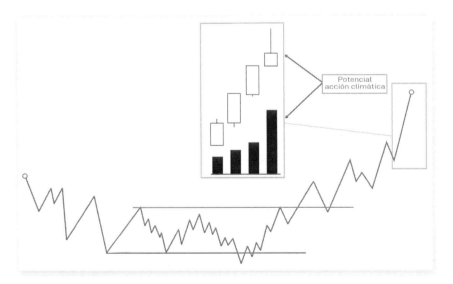

Vela climática (*Buying Climax/Selling Climax*) que mostrará un rango, velocidad y volumen altos. Sería intentar anticipar la parada de la tendencia previa, pero podría ser una señal suficiente como para cerrar la posición o al menos para reducirla.

Es una excelente manera para plantear la toma de beneficios cuando no observamos ninguna acción del precio a nuestra izquierda, es decir, en extremos de mercado. Esa falta de referencia hace que vayamos un poco "a ciegas" produciéndonos cierta incapacidad operativa. Es ahora más que nunca cuando debemos saber escuchar lo que el precio y el volumen nos dicen.

Si bien es cierto que siempre esperaremos que el mercado desarrolle un esquema lento de acumulación o distribución que origine la reversión de la tendencia actual, también cabe la posibilidad de que le mercado desarrolle dicha reversión mediante un esquema rápido, y el potencial evento climático es una acción muy determinante.

Como un potencial esquema tipo Climax podría devolver todo el movimiento tendencial previo, es motivo suficiente como para hacer algún tipo de gestión activa de la posición.

Mi recomendación es que analices la naturaleza y anatomía de esa posible acción climática para decidir qué tipo de gestión hacer.:

• Si es un volumen ultra alto, nunca antes visto, cierra la posición directamente sin esperar a que se desarrolle ninguna acción del precio más.

• Si por el contrario es una potencial acción climática con un volumen relativamente alto pero no climático, quizá una alternativa más óptima sea cerrar sólo una parte de la posición y dejar el resto por si se trata de una simple consolidación antes de continuar en la dirección de la tendencia.

Tras el desarrollo de la Fase A de parada de la tendencia previa

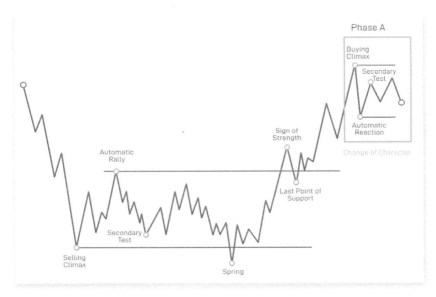

El desarrollo de los cuatro primeros eventos que delimitan la aparición de la Fase A será motivo suficiente para entender que la tendencia previa ha finalizado y debemos cerrar nuestra posición. Es importante señalar que la nueva estructura debería desarrollarse en el marco temporal en el que hayamos identificado la estructura previa.

Posteriormente la tendencia podría reanudarse en la misma dirección, pero esto no lo podemos saber en ese momento por lo que lo más sensato sería tomar beneficios.

Lo único objetivo tras el desarrollo de la Fase A es que el mercado posiblemente pase de un entorno tendencial a otro lateral, y que en esa lateralización se construirá la causa del subsiguiente movimiento sin poder determinar hacia qué dirección tendrá el efecto.

Dado este contexto, son huellas más que significantes como para cerrar por completo la posición o al menos un gran porcentaje de esta. Al igual que con la evidencia de la posible acción climática, aquí también tendremos que valorar otros elementos para tomar la mejor decisión. Por ejemplo, podemos analizar cuánto ha recorrido la tendencia para ver si es posible que ya esté en una posición sobreextendida y agotada. Cuanto más movimiento tendencial haya desarrollado, más probable será que la futura estructura sea de reversión en vez de continuación.

Tras el desarrollo de potencial Fase C de la nueva estructura

Esta sí que debería ser la señal definitiva para abandonar la posición por completo. Si no lo has hecho en el evento climático ni tras el desarrollo de la Fase A de parada, una situación de potencial sacudida de esa nueva estructura debería ser incuestionable.

El razonamiento para salir de la posición en este punto subyace en el contexto que nos ofrece la metodología. Gracias al mapa de ruta que ya conocemos, si realmente estamos ante el evento de test en Fase C en formato sacudida, la acción del precio que le seguirá a continuación será un movimiento de intencionalidad que llevará al precio como mínimo al extremo opuesto de la estructura, y en caso de confirmarse, mucho más allá.

No tiene ningún sentido mantener una posición en la dirección opuesta principalmente porque no es necesario perder todo ese porcentaje que ya tenemos ganado por la simple expectativa de que el precio puede que continúe en nuestra dirección. Si realmente hay intereses en empujarlo de nuevo a favor de la dirección de nuestra posición, podremos buscar alguna nueva oportunidad operativa durante el desarrollo de esa nueva estructura.

Zonas de liquidez

Además de las posibilidades anteriores que forman parte del análisis más puro de la metodología Wyckoff, puede que queramos servirnos de las zonas operativas de volumen para ubicar nuestras órdenes de toma de beneficio.

Se tratan de giros del precio; de máximos y mínimos previos. Sabemos que en dichas zonas siempre hay una gran cantidad de órdenes esperando para ejecutarse y es por ello que son zonas muy interesantes sobre las que esperar a que acuda el precio.

Algunos ejemplos son las zonas que establecen las estructuras: los mínimos del *Selling Climax* (en las estructuras acumulativas) y del *Automatic Reaction* (en las estructuras distributivas); y los máximos del *Buying Climax* y del *Automatic Rally*.

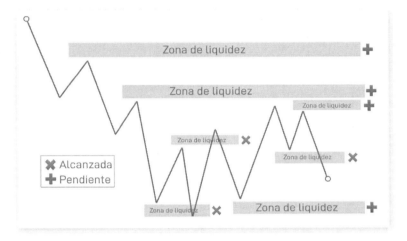

Otro ejemplo de zonas de liquidez a tener en cuenta como objetivo de nuestras operaciones son las zonas de liquidez previas (que son independientes de las estructuras), tanto en nuestro marco temporal operativo como en superiores.

La mejor manera de aprovecharnos de esta lectura es identificar las zonas de liquidez de los marcos temporales superiores y establecerlas como objetivos. A partir de ahí, utilizar las estructuras que vaya desarrollando el precio para incorporarnos al mercado teniendo en mente la visita de esos niveles del precio.

Hay que tener en cuenta que el mercado está en constante cambio y que seguirá generando nuevos giros del precio (nuevas zonas de liquidez) por lo que nuestros objetivos tendrían que ir adaptándose a esta nueva información del mercado. Es decir, si originalmente habíamos establecido la toma de beneficio en una zona de liquidez lejana, y en el desarrollo del movimiento el precio genera una nueva zona de liquidez más cercana, ésta debería ahora también tenerse en cuenta.

Gestión Activa

Muchos operadores (yo entre ellos) nos sentimos cómodos tomando beneficios parciales. Esto simplemente trata de, una vez que el mercado ha avanzado en nuestra posición y tenemos ciertos beneficios latentes, cerrar parte de la posición y asegurar beneficios.

Además de la toma de beneficio parcial lo que se suele hacer es proteger la posición en *Breakeven*. Psicológicamente es muy tranquilizador al saber que durante el resto de la posición ya no podrás incurrir en pérdidas y que además, pase lo que pase vas a cerrar la posición en beneficio gracias a los beneficios que ya has asegurado.

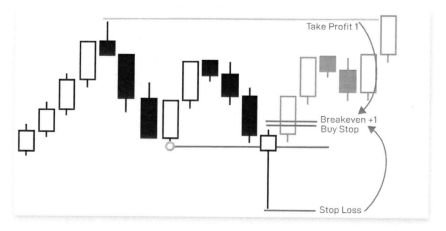

Como vemos, y es otro ejemplo que pone de manifiesto la diversidad de posibilidades, puedes incluir el *Breakeven* o no. No hay nada escrito con respecto a esto. Pero si estás delante de las pantallas y tienes la posibilidad de hacer este tipo de gestión más activa, sin duda es lo más recomendable.

El mercado es un entorno de total incertidumbre y se encuentra en constante cambio por su propia naturaleza, por lo que debemos ser rápidos en analizar e interpretar la información que nos ofrece con el objetivo de tomar decisiones que mejoren nuestro manejo del riesgo.

Cuando se toman beneficios parciales se suele hacer referencia a hacer un TP1 (*Take Profit* 1). ¿Cómo distribuir el TP1/TP2? Pues de nuevo no hay una verdad absoluta en esto. Generalmente suelo hacer un TP1 con la mitad de la posición. Esto es que cierro el 50% del tamaño de la posición cuando el mercado alcanza una zona de liquidez, dejando el restante 50% correr hasta alcanzar otro punto de toma de beneficios (o el *Stop Loss*).

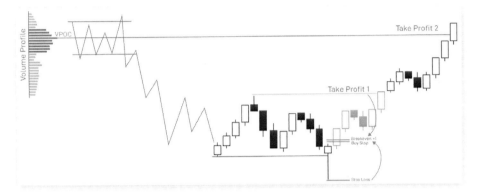

En el gráfico de arriba vemos cómo hemos tomado el primer TP en la zona de liquidez más inmediata y que además coincidiría con la parte alta de el esquema acumulativo; y hemos dejado la segunda toma de beneficios al alcanzar el precio esa antigua zona de alta negociación que se corresponde con la estructura distributiva, en concreto podemos establecerlo en el VPOC (Volume Point of Control), que es el nivel con mayor negociación de todo el perfil. Podríamos incluso tener una última parte marginal de la posición hasta ver una acción climática o la Fase A de la Metodología Wyckoff que nos denotaría la parada del movimiento. Las posibilidades son diversas.

La distribución del porcentaje a cerrar en cada toma de beneficios puede ser como tú decidas. En primer lugar debes decidir si harás dos o más tomas de beneficio, y en segundo lugar qué porcentaje asignarás a cada una de ellas.

Promediar

Puede que quieras comprar un activo pero éste no se encuentre en el punto óptimo para entrar; que aún siendo una zona operativa, sea factible el hecho de que pueda bajar aún más dada la proporcionalidad de sus movimientos o algún otro motivo. Pero claro, al mismo tiempo tienes miedo de que el mercado se vaya sin ti, que inicie el movimiento que has planteado y que no vaya a visitar aquella zona operativa donde te ofrecería mayores garantías de entrar. Pues bien, una manera de solucionar esta situación es entrar en ese primer nivel operativo si ofrece el gatillo de entrada con una parte de la posición; y dejar otra parte por si finalmente se da el escenario que va a visitar la zona operativa que hay en precios más bajos, volviendo a entrar ahí cuando nos ofrezca una nueva señal de entrada.

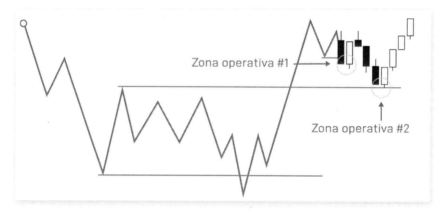

En este gráfico vemos un ejemplo de esto mismo. Podríamos encontrarnos en la primer zona operativa, en posición de potencial *Ordinary Shakeout* en Fase E tras un esquema acumulativo. En esa posición sabemos que podría darnos entrada en largos e irse al alza continuando el desarrollo de la tendencia alcista; pero también podría ir a visitar la segunda zona operativa, la zona del Creek, la zona de la resistencia de la estructura que ahora se convertiría en soporte.

Como tenemos dos zonas operativas posibles, podríamos asignar un 50% del tamaño de la posición a cada una de ellas. El mayor problema lo tendríamos en caso de que sobre la segunda zona operativa no apareciese nuestro gatillo de entrada, y en vez de eso el precio reingresara al interior de rango de nuevo, dejando todo ese movimiento como una sacudida mayor. En ese caso deberíamos tener establecido previamente la zona o nivel que como máximo vamos a permitir al precio reingresar, y en caso de ser alcanzado, cerrar la posición sin dudar.

Piramidar

Al contrario de lo que proponíamos con el método de promediar, con el enfoque de piramidar lo que se plantea es entrar inicialmente con parte de la posición volviendo a entrar posteriormente a peores precios que el anterior. Es decir, que si queremos comprar, vamos a abrir una primera posición con parte del tamaño total y posteriormente completaremos la posición entrando de nuevo a precios más altos, empeorando el precio medio inicialmente obtenido.

Este planteamiento le da la vuelta al anterior. Vamos a suponer que estamos en la situación inversa; que estamos en la última zona operativa en la que esperaríamos al gatillo de entrada para esa idea operativa, pero por lo que sea no nos ofrece toda la confianza que nos gustaría. En caso de que finalmente aparezca nuestra señal, podemos entrar al mercado con parte de la posición total, y a no ser que el precio vaya a nuestro favor, no volveremos a entrar de nuevo. Para ello, tendríamos identificado previamente las zonas operativas y hecho nuestros planteamientos de escenarios. Para hacer la segunda entrada deberíamos esperar a que el precio se posicionase a favor de una nueva zona operativa o de alguna previamente ya identificada y sobre ella, de nuevo, ejecutar nuestra señal de entrada. En ese punto ya tendríamos la posición completa.

¿Qué hacer cuando el precio se va sin nosotros?

En ocasiones tendremos que ver como aun habiendo hecho un buen planteamiento de escenario el precio inicia el movimiento que buscábamos sin que hayamos tenido la posibilidad de entrar al mercado.

Si hay algo que no se recomienda es entrar por momentum guiado por algún tipo de sentimiento negativo al haber perdido el movimiento. Entrar a la desesperada generalmente no suele ser una buena estrategia a la larga. Si el precio se va sin nosotros no pasa absolutamente nada, forma parte del juego al igual que los saltos de stop loss. Si la idea de fondo no ha cambiado podemos seguir buscando la incorporación en nuevas zonas operativas.

Resulta mucho más interesante hacer otro tipo de lectura constructiva al darse esta situación, como puede ser que has hecho un buen análisis.

Si bien es cierto que nos acercamos al mercado con el fin último de obtener rentabilidad de sus movimientos, el hecho de estar acertados en los análisis ya debería ser motivo para estar ciertamente satisfecho.

La lectura es que tu análisis sobre quién estaba en control del mercado y cuál era el movimiento más probable ha sido buena y esto es tremendamente importante como ejemplo de que en última instancia los conocimientos están interiorizados y que siguiendo esa línea es cuestión de tiempo que los resultados aparezcan.

Únicamente ha fallado o bien la visita exacta a la zona donde esperabas al precio; o bien que el precio no ha dejado un gatillo genuino para generar el envío de las órdenes. En cualquier caso es necesario recordar que no tenemos absolutamente ningún control sobre el mercado y que nuestra tarea es plantear escenarios con la mayor probabilidad posible, sabiendo que estas situaciones se darán.

Además, hay que tener muy en cuenta también que, teniendo como una de las principales reglas la conservación del capital, puede que no te hayas aprovechado del movimiento que esperabas pero al menos no estabas posicionado en el lado equivocado del mercado y por tanto no sumas ninguna pérdida.

PARTE 9 – CASOS DE ESTUDIO

Una vez abordado todo el aspecto teórico de la metodología, vamos a pasar a analizar unos ejemplos reales.

Las estructuras básicas estudiadas nos sirven como referencia para saber aproximadamente qué esperar del precio; pero el mercado por su propia naturaleza necesita moverse con cierta libertad. Este es otro de los puntos fuertes de la metodología con respecto a otros enfoques, y es que combina la rigidez que otorgan los eventos y fases junto a la flexibilidad que requiere la interacción continua entre oferta y demanda.

El punto a destacar es que, aunque en el mercado real vamos a ver muchas estructuras prácticamente iguales a los ejemplos teóricos, esta interacción entre compradores y vendedores va a provocar que cada estructura sea única. Es prácticamente imposible que se puedan desarrollar dos estructuras idénticas ya que esto requeriría que estuvieran al mismo tiempo en el mercado los mismos operadores que desarrollaron ambas estructuras y que éstos actuaran de la misma manera. Misión imposible.

Por si todavía hay algún tipo de duda al respecto, decir que la metodología Wyckoff no se trata únicamente de identificar correctamente la aparición de los eventos. El estudio de todo el apartado teórico es condición indispensable para solidificar las bases con el objetivo de desarrollar análisis y planteamientos de escenarios juiciosos; pero el enfoque va mucho más allá. En la operativa real nos encontraremos con ejemplos de estructuras y movimientos inusuales que deberemos saber interpretar correctamente; y es que según vayas avanzando cada vez tendrás una menor necesidad de por ejemplo etiquetar todas y cada una de las acciones ya que su identificación será instantánea.

Si por ejemplo vemos una gráfica como la siguiente, donde parece difícil poder etiquetar correctamente la estructura, lo relevante no es eso; lo relevante es, si logramos abrir dicho gráfico en el punto donde señalo, tener la capacidad suficiente como para interpretar dicha fluctuación como una estructura de acumulación y estar en disposición de buscar la incorporación en largo.

Es ahí donde se encuentra la verdadera ventaja de la metodología Wyckoff; nos enseña una forma de leer el mercado desde un punto de vista lo más objetivo posible. No se trata por tanto de identificar las estructuras, eventos y fases al milímetro como si fuéramos robots.

A continuación veremos ejemplos en distintos activos y marcos temporales. Importante señalar que a la hora de analizar los activos debemos hacerlo sobre   un mercado centralizado para que los datos del volumen sean lo más genuinos posible. Para los análisis he utilizado la plataforma TradingView.

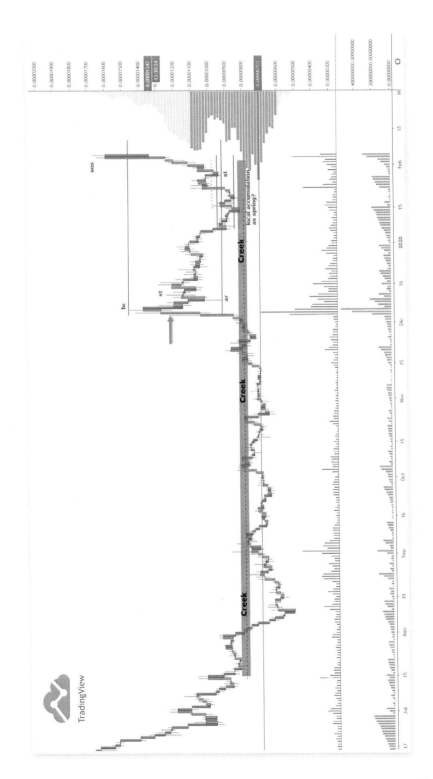

275

Índice S&P500 ($ES)

Sobre el gráfico semanal observamos una clásica estructura de reacumulación con sacudida.

Es muy buen ejemplo para ver la representación visual de lo que es un *Buying Exhaustion*. Vemos cómo el movimiento alcista llega a su fin sin un pico de volumen que identificaría el evento climático. Con el *Automatic Reaction* y el *Secondary Test* se completaría la Fase A de parada.

Durante la Fase B ya nos sugiere cierta fortaleza de fondo al desarrollar ese test a máximos (*Upthrust Action*). Acción que origina el evento de test en Fase C (*Shakeout*) con un volumen relativamente alto. En esa primera parte de la Fase B podemos ver cómo el volumen en general disminuye, huella de que se está produciendo una absorción de *stock* por parte de los compradores.

La reacción al alza es incuestionable y deja un nuevo test a máximos que no logra producir la rotura efectiva de la estructura (*minor Sign of Strength*). Se hace necesario un pequeño retroceso bajista (*Last Point of Support*) antes de encarar un nuevo intento de rotura al alza. En esta segunda ocasión logran desarrollarlo (*Major Sign of Strength*) y el posterior test (*Last Point of Support*) nos confirma que efectivamente nos encontramos ante una reacumulación.

Muy interesante cómo el precio ha iniciado el movimiento tendencial fuera del rango en Fase E con una disminución en el volumen. Esto nos podría sugerir algún tipo de anomalía/divergencia, pero el razonamiento oferta/demanda está claro: debido a la ausencia de oferta (hay pocos operadores dispuestos a vender), con muy poca demanda los compradores son capaces de hacer subir al precio.

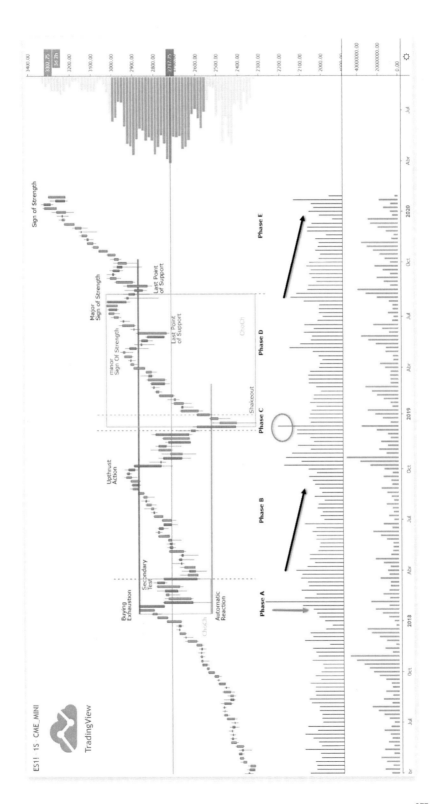

Libra/Dólar ($6B)

Otra estructura de reacumulación esta vez sobre el gráfico de 8 horas y sin sacudida. Como ya comentamos, difíciles de operar ya que casi siempre esperaremos como poco la sacudida de algún mínimo interior de la estructura.

Vemos otro ejemplo de *Buying Exhaustion* tras la aparición de un fuerte volumen sobre el *Preliminary Supply*. Este es uno de los motivos por los que aparece tal agotamiento; y es que si previamente ya se han liquidado posiciones de forma agresiva, con poco volumen se producirá ese giro en máximos. Desde el pico de volumen del PSY vemos una disminución del mismo hasta el inicio del movimiento tendencial dentro del rango tras el *Last Point of Support*, sugiriendo absorción. Muy visual también cómo el volumen operado en las ondas bajistas disminuye denotando una pérdida de momentum vendedor.

Ya en Fase D, se observa un aumento en el volumen y de nuevo muy visualmente las ondas Weis alcistas indicando ese desequilibrio a favor de los compradores. Hemos pasado de una predominancia de las ondas bajistas a esta aparición de las ondas alcistas.

Un detalle importante es la incorporación del perfil de volumen de la estructura (volumen horizontal que se encuentra anclado a la derecha del gráfico) y cómo el VPOC de ésta (el nivel de volumen más operado) sirve como soporte para dar origen al LPS. Tras el evento de rotura alcista (*Jump Across the Creek*) el precio desarrolla un esquema menor de reacumulación en función de confirmación (*Back Up to the Edge of the Creek*) con una clara disminución de volumen, sugiriendo una falta de interés por parte de los vendedores.

En este gráfico observamos otro elemento muy interesante y es que aquellos grandes operadores que estuvieron comprando durante el desarrollo de dicha estructura aprovecharon un evento fundamental (en este caso las negociaciones por el BREXIT) para desarrollar un enorme gap alcista como efecto de toda esa causa. Esto no es casual y lo podréis ver en más ocasiones.

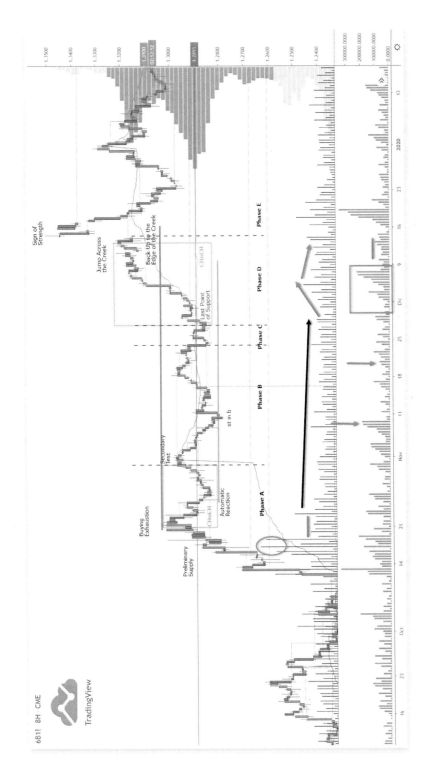

6B1! 8H CME

TradingView

279

Euro/Dólar ($6E)

Esquema básico de distribución sin sacudida. Aquí vemos un ejemplo claro de la importancia del contexto, en el que las estructuras menores encajan dentro de las mayores.

Tras la Fase A que detiene el movimiento tendencial alcista, el precio da inicio a la Fase B durante la cual desarrolla una estructura menor en su interior. Se identifican claramente los eventos de una estructura distributiva y cómo el *minor* UTAD (sacudida a máximos relativos dentro del rango) da origen al movimiento tendencial bajista de ambas estructuras, tanto la menor como la mayor.

Vemos como el VPOC del perfil de la estructura actúa como resistencia en el desarrollo de ese minor UTAD, bloqueando mayores subidas en el precio.

Tras la rotura bajista (*Major Sign of Weakness*) un breve retroceso alcista (*Last Point of Supply*) sirve como test confirmación de la distribución y da origen a la Fase E donde el precio desarrolla rápidamente el movimiento bajista fuera del rango.

Durante la creación de la estructura el volumen general permanece relativamente alto, huella de los rangos distributivos. Además, las ondas Weis muestran la pérdida de momentum en los movimientos alcistas y un incremento en los bajistas, siendo muy llamativos en las últimas etapas de la estructura.

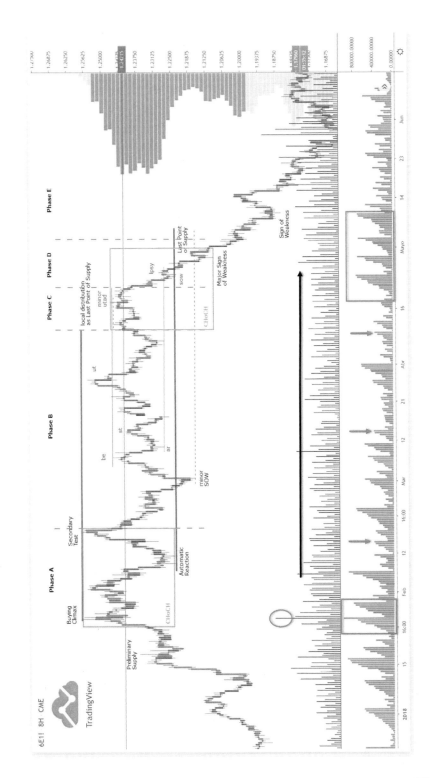

Bitcoin ($BTCUSDT)

Como ya sabrás, la lectura bajo el enfoque de la metodología Wyckoff es universal y aquí vemos un claro ejemplo sobre el gráfico del Bitcoin.

De nuevo vemos una estructura clásica de acumulación esta vez con una sacudida menor como evento de test en Fase C. Tras los cuatro eventos de parada, durante su desarrollo se observa una disminución en el volumen general. Primera señal de absorción y posible control de los compradores.

Aunque yo he etiquetado el test a mínimos en Fase B como un simple test en función de muestra de debilidad (ST as SOW), podría también haberse visto como el *Spring* de Fase C. El razonamiento que me ha llevado a hacerlo de esta manera es que el *Spring* genuino va seguido de forma automática por el movimiento de ruptura, y como vemos en este ejemplo, tras ese potencial *Spring* el precio se queda lateralizando en mitad de la estructura desarrollando un esquema menor. Pero como digo, esto son apreciaciones menores. La clave siempre estará en determinar hacia dónde se está produciendo el desequilibrio final.

Como digo, tras ese test en B, el precio comienza una estructura menor justo en la zona mitad del rango, interactuando continuamente con el VPOC. Es en esa estructura menor donde considero que se produce la Fase C con ese *Shakeout* que sacude mínimos menores (mínimos dentro de la estructura). Es otro buen ejemplo de la importancia del contexto. Una estructura menor de reacumulación en función de *Last Point of Support* de la mayor.

Aquí se ve cómo esta sacudida sí da inicio al movimiento de ruptura casi inmediatamente con ese *Major Sign of Strength*. Posteriormente, el *Back Up* al Creek roto confirma la estructura de acumulación con la aparición de una buena SOSbar y da inicio a la Fase E. Haciendo un análisis puro del precio y el volumen vemos como nos señala armonía tanto en el movimiento de ruptura (aumento del precio acompañado por aumento del volumen), como en el movimiento de retroceso (disminución del precio y del volumen).

Ya en Fase E evaluamos la tendencia y observamos cierta pérdida de momentum evidenciado por un nuevo impulso del precio pero con un volumen menor. Esto no quiere decir que el precio vaya a girarse de forma inmediata; simplemente se trata de una huella que nos sugiere que hay menos compradores dispuestos a seguir comprando.

Podríamos esperar por tanto algún tipo de retroceso con mayor alcance, pero hay que tener en cuenta que el contexto general es que tenemos una acumulación por abajo y que hasta que el precio no desarrolle una estructura similar distributiva habría que seguir favoreciendo las compras.

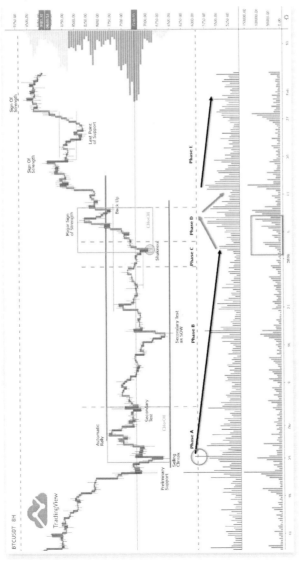

INDITEX ($ITX)

Inditex es una empresa textil española. En este ejemplo vemos una estructura clásica de distribución con sacudida sobre el gráfico de 2 horas.

Tras la aparición del volumen climático sobre el *Buying Climax*, el precio desarrolla un *Automatic Reaction* que se observa muy visualmente por el indicador de Ondas de Weis produciendo un cambio de carácter (CHoCH) muy evidente.

Si bien es cierto que en el volumen general hay ciertos momentos de baja actividad, se observan ciertos picos durante todo el desarrollo, principalmente en el minor *Sign of Weakness* y tras el *Upthrust After Distribution*.

A destacar cómo la sacudida alcista (UTAD) la realiza con un volumen relativamente bajo, señalando la ausencia de interés a cotizar en esos precios. El precio produce una reentrada agresiva en el rango que es frenada en el VPOC del perfil de la estructura. Un nuevo intento alcista es bloqueado por los vendedores justo en la zona alta que establece el máximo de BC. Se trata del *Last Point of Supply*. Un posterior gap bajista anuncia la agresividad de los vendedores. El desequilibrio a favor de los bajistas ya se ha materializado y la urgencia por salir es evidente.

En el gran movimiento bajista provoca la ruptura (*Major Sign of Weakness*) se observa el nuevo cambio de carácter pero en esta ocasión para anunciar el desequilibrio a favor de los vendedores. Como siempre, muy visual las ondas Weis.

El posterior retroceso alcista con un decremento del volumen dejaría el último punto de apoyo de la oferta (LPSY) para dar inicio desde ahí el movimiento tendencial fuera del rango en Fase E.

Parece casual que ese LPSY se produce en la parte baja de la estructura, en el *Ice* roto que establece el mínimo del *Automatic Reaction*; pero no es casualidad, los mercados tienen generalmente unas zonas operativas muy identificables y en ocasiones nos dejan estructuras muy genuinas como es este ejemplo.

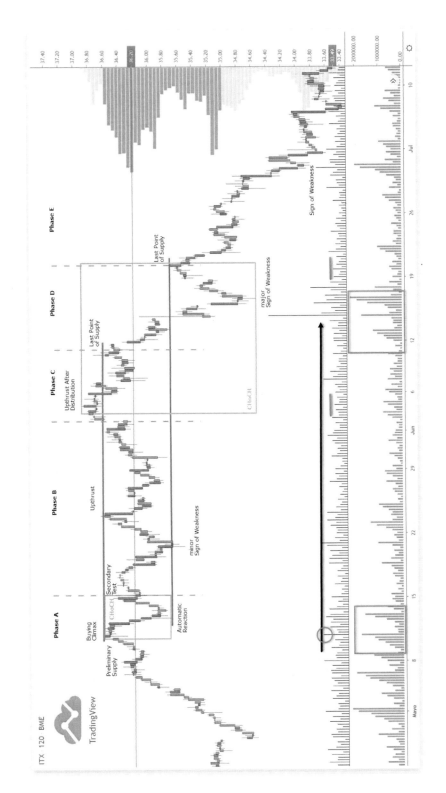

ITX 120 BME

TradingView

Phase A   Phase B   Phase C   Phase D   Phase E

Preliminary
Supply

Buying
Climax

CHoCH

Secondary
Test

Automatic
Reaction

Upthrust

minor
Sign of Weakness

Upthrust After
Distribution

Last Point
of Supply

CHoCH

Last Point
of Supply

minor
Sign of Weakness

major
Sign of Weakness

Sign of Weakness

Google ($GOOGL)

Con Google podemos estudiar cómo se representa el completo desarrollo de un ciclo del precio con una fase distributiva, tendencia bajista, fase de acumulación y tendencia alcista.

Es un gráfico ya de mayor complejidad de analizar pero se observa claramente cómo se mueve el mercado; cómo desarrolla un esquema distributivo como causa de la tendencia bajista posterior; y cómo necesitan hacer una campaña de acumulación antes de iniciar la fase tendencial alcista.

A destacar en la estructura distributiva ese test en Fase B que denota debilidad (*minor Sign of Weakness*), sugiriéndonos el posible desequilibrio a favor de los vendedores, y cómo el evento de Fase C es una sacudida local a un máximo relativo dentro del rango. La lectura es que los compradores están tan ausentes que no tienen ni la capacidad para llevar al precio a la parte alta de dicho rango. Tras la rotura bajista efectiva (*Major Sign of Weakness*) se observa la generación de un nuevo esquema redistributivo menor cuya sacudida va a testear justo la zona del Ice de la estructura mayor rota. Otro nuevo ejemplo de la importancia del contexto, donde las estructuras menores encajan dentro de las mayores.

En la parte baja del gráfico analizamos el esquema acumulativo y de nuevo parece haber sido sacado de un libro porque lo genuino de sus movimientos es fascinante. Tras el *Spring* en Fase C, el precio no logra romper a la primera la parte alta, dejando etiquetado tal movimiento como *minor Sign of Strength*. Es necesario de un movimiento de retroceso en el que el precio "coja carrerilla" para saltar el riachuelo (*Creek*), rememorando la analogía de Evans con el Boy Scout. Después de la rotura efectiva al alza (*Jump Across the Creek*), el precio retrocede a la zona y es rechazado a reingresar hasta por dos veces antes de iniciar el movimiento tendencial fuera del rango. Muy buen ejemplo de la importancia del no reingreso de nuevo al rango. Los compradores aparecen justo en la zona crítica para seguir empujando al precio.

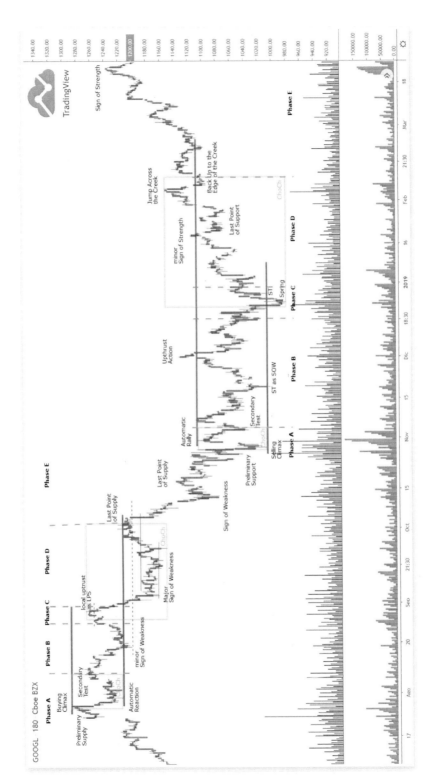

DÓLAR AUSTRALIANO ($6A)

En este último ejemplo vamos a analizar un gráfico en temporalidad de 15 minutos. Como ya se ha comentado, este tipo de análisis no conoce de marcos temporales. Es un enfoque universal ya que se basa en la ley universal de oferta y demanda. Es una captura perfecta para ejemplificar lo que entendemos por fractalidad de mercado, donde el precio desarrolla las mismas estructuras aunque de distintas maneras sobre todos los marcos temporales.

A la izquierda vemos que nace el inicio de la campaña acumulativa con una estructura menor de redistribución en función de parada preliminar (*Preliminary Support*). En este caso dicho esquema lo desarrolla con una ligera pendiente alcista. Aunque no son fáciles de ver, este tipo de estructuras también son operables ya que como vemos los eventos aparecen de la misma manera. Lo único a tener en cuenta es que la pendiente de la estructura nos indicará si el mercado tiene mayor fortaleza o debilidad de fondo. En este ejemplo ya vemos como esa pendiente alcista nos sugería cierta fortaleza.

Tras la parada del movimiento bajista, vemos una reducción del volumen durante la Fase B y un *Spring* + test genuinos como Fase C. Desarrollo clásico de la esquemática acumulativa.

Una vez roto el rango, el precio logra mantenerse por encima de él y crea una estructura menor de reacumulación con una sacudida que alcanza la zona rota quedando en función de BUEC de la estructura mayor. Muy visual cómo el volumen sugiere cierta armonía en todo momento, observándose en aumento sobre los movimientos impulsivos y en disminución sobre los correctivos. Ya durante la Fase E el mercado genera una nueva estructura de reacumulación con una nueva sacudida (*Ordinary Shakeout*) que sirve para continuar con la subida del precio.

Hacer una lectura correcta en tiempo real es complicado pero tenemos que basarnos en todas estas señales para intentar determinar de la manera más objetiva posible quién tiene el control. Contexto, estructuras y zonas operativas.

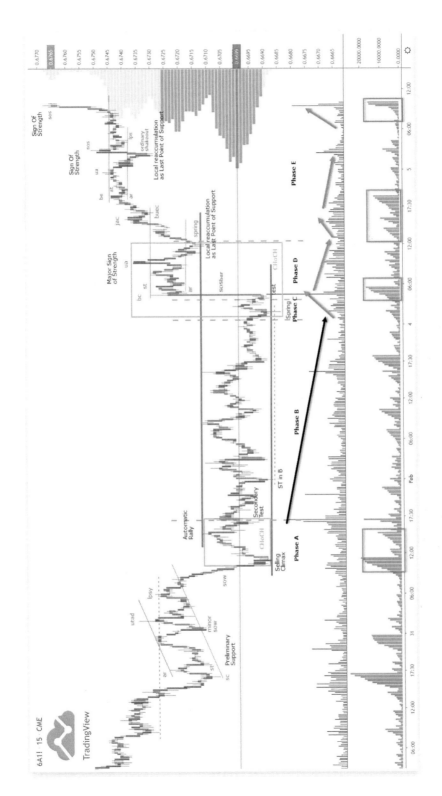

289

AGRADECIMIENTOS

¡Felicidades! Has llegado al final del libro y espero sinceramente que su estudio te haya aportado valor.

El contenido es denso y está lleno de matices. Es muy complicado adquirir todos los conocimientos con una simple lectura, por lo que te recomiendo que vuelvas hacer un nuevo estudio así como anotaciones personales para una mejor comprensión.

Como sabrás, continuamente sigo haciendo investigaciones y compartiendo más información, por lo que te invito a que me escribas a **info@tradingwyckoff.com** para que pueda incluirte en una nueva lista y puedas recibir futuras actualizaciones del contenido totalmente gratis.

¡Nos vemos en las redes!

Twitter: twitter.com/RubenVillaC

Youtube: youtube.com/RubenVillahermosa

Web: tradingwyckoff.com

Antes de que te vayas, quería pedirte un pequeño favor. **¿Podrías considerar publicar una reseña en la plataforma? Publicar una reseña es la mejor y más fácil manera de apoyar el trabajo de autores independientes como yo**.

Tus comentarios me ayudarán a seguir mejorando el libro y significaría mucho para mí saber de ti.

ACERCA DEL AUTOR

Rubén Villahermosa Chaves es analista y operador independiente en los mercados financieros desde 2016.

Posee amplios conocimientos sobre análisis técnico en general y se ha especializado en metodologías que analizan la interacción entre oferta y demanda, alcanzando un alto grado de capacitación en esta área. Además, es un apasionado del trading automático y ha dedicado parte de su formación a cómo desarrollar estrategias de trading basadas en análisis cuantitativo.

Intenta aportar valor a la comunidad de trading divulgando el conocimiento adquirido desde unos principios de honestidad, transparencia y responsabilidad.

LIBROS DEL AUTOR

Trading e Inversión para principiantes

Los mercados financieros están controlados por grandes instituciones financieras, las cuáles destinan enormes recursos y contratan a los mejores ingenieros, físicos y matemáticos para hacerse con el dinero del resto de los participantes. Y tú vas a tener que pelear contra ellos.

Nuestra única posibilidad pasa por intentar nivelar el terreno de juego. En vez de pelear contra ellos vamos a tratar de operar junto a ellos. Para esto deberás convertirte en un operador completo, y en este libro encontrarás todas las claves para ello.

¿QUÉ APRENDERÁS?

▶ Conceptos básicos y avanzados sobre **Educación Financiera**.

▶ Fundamentos teóricos sobre los **Mercados Financieros**.

▶3 metodologías de **Análisis Técnico** de alto nivel:

❖ Price Action.

❖ Volume Spread Analysis.

❖ Metodología Wyckoff.

▶ Técnicas avanzadas de **Gestión del Riesgo**.

▶ Principios de **Gestión Emocional** aplicado al trading.

▶ Cómo hacer una **Gestión del Negocio** profesional.

▶ Cómo empezar desde cero, **de la Teoría a la Práctica**.

Todo este conocimiento te permitirá:

▶ Mejorar la salud de tu **economía**.

▶ Comprender el funcionamiento de los **mercados bursátiles**.

▶ Aprender 4 **estrategias de trading** ganadoras.

▶ Implementar sólidos métodos de **gestión monetaria**.

▶ Desarrollar una **mentalidad estadística** y objetiva.

▶ Hacer paso a paso tu propio **plan de trading**.

▶ Implementar el **Registro de operaciones** y la evaluación periódica.

▶ Descubrir recursos para la obtención de **ideas de inversión**.

▶ Gestionar la organización de activos a través de **listas de seguimiento**.

La Metodología Wyckoff en Profundidad

Cómo operar con lógica los mercados financieros

La metodología Wyckoff es un enfoque de análisis técnico para operar en los mercados financieros que se basa en el estudio de la relación entre las fuerzas de la oferta y la demanda.

El planteamiento es simple: Cuando los grandes operadores quieren comprar o vender llevan a cabo unos procesos que dejan sus huellas y que se pueden observar en los gráficos a través del precio y el volumen.

La metodología Wyckoff se basa en identificar esa intervención del profesional para intentar dilucidar quién tiene el control del mercado con el objetivo de operar junto a ellos.

¿QUÉ APRENDERÁS?

▶ **Principios teóricos** del funcionamiento de los mercados:

    ❖ Cómo se mueve el precio.

    ❖ Las 3 leyes fundamentales.

    ❖ Los procesos de acumulación y distribución.

▶ **Elementos operativos** exclusivos de la metodología Wyckoff**:**

    ❖ Eventos.

    ❖ Fases.

    ❖ Estructuras.

▶ **Conceptos avanzados** para operadores Wyckoff experimentados.

▶ Resolución de **dudas frecuentes**.

▶ **Operativa y Gestión de la posición.**

Todo este conocimiento te permitirá:

▶ Identificar la participación del **dinero institucional**.

▶ Determinar el **contexto y sentimiento** del mercado.

▶ Conocer las **zonas operativas** de alta probabilidad.

▶ Plantear escenarios en base a un **mapa de ruta** definido.

▶ Gestionar el **riesgo y la posición** adecuadamente.

Wyckoff 2.0: Estructuras, Volume Profile y Order Flow

Combinando la lógica de la Metodología Wyckoff y la objetividad del Volume Profile

Wyckoff 2.0 es la evolución natural de la Metodología Wyckoff. Se trata de aunar dos de los conceptos más potentes del Análisis Técnico: el mejor análisis del precio junto con el mejor análisis del volumen.

Este libro ha sido escrito para operadores experimentados y exigentes que quieren dar un salto de calidad en su operativa a través del estudio de herramientas avanzadas para análisis del volumen como el Volume Profile y el Order Flow.

La universalidad de este método permite su implementación a todo tipo de operadores, tanto de corto como de medio y largo plazo; aunque sobre todo puede que obtengan un mayor beneficio los daytraders.

¿QUÉ APRENDERÁS?

▶ Conocimientos avanzados sobre el funcionamiento de los mercados financieros: **el ecosistema de trading actual**.

▶ Herramientas creadas por y para **traders profesionales**.

▶ Conceptos esenciales y complejos sobre **Volume Profile**.

▶ Fundamentos y análisis objetivo del **Order Flow**.

▶ Conceptos evolucionados de **Gestión de la Posición**.

Todo este conocimiento te permitirá:

▶ **Descubrir la cara B del mercado financiero:**

  ❖ Los distintos participantes y sus intereses.

  ❖ La naturaleza de los mercados descentralizados (OTC).

  ❖ Qué son los Dark Pools y cómo afectan al mercado.

▶ Cómo se produce el **cruce de órdenes** y la problemática de su análisis.

▶ Conocer los principios operativos con **Áreas de Valor.**

▶ Implementar patrones de **Order Flow** en la operativa intradiaria.

▶ Construir paso a paso tu propia **estrategia de trading:**

  ❖ Análisis del contexto.

  ❖ Identificación de áreas operativas.

  ❖ Planteamiento de escenario.

  ❖ Gestión de la posición

CURSOS DEL AUTOR

Curso Wyckoff Avanzado

Aprende de forma sencilla conceptos avanzados del Método Wyckoff.

Te enseñaré conceptos únicos que te convertirán en un experto de la metodología Wyckoff y podrás llevar tu análisis y operativa al siguiente nivel.

Es el complemento adecuado para aquellos operadores Wyckoff que ya han sentado las bases teóricas y quieren darle un salto de calidad a su análisis y operativa.

¿QUÉ APRENDERÁS?

Está compuesto por una serie de bloques los cuales se centran en cada uno de los puntos clave que componen un plan de trading, de manera que al finalizar el curso tendrás mejores herramientas para definir tu estrategia.

▶ El contexto real de los mercados

▶ Aplicación del método Wyckoff

▶ Ideas generales

▶ Análisis del contexto

▶ Análisis de la situación actual

▶ Identificación de zonas operativas

▶ Planteamiento de escenarios

▶ Gestión de la posición

¿Qué debes saber de este curso?

▶ **Garantía de devolución**. Estoy tan convencido de que te aportaré un enorme valor que te ofrezco una garantía de devolución total, si no visualizas más del 20% del contenido.

▶ **Acceso ilimitado y Discord**. Tendrás acceso vitalicio y actualizaciones futuras, así como el acceso a un servidor de Discord y Webinars en directo donde podrás resolver tus dudas.

▶ **Dificultad intermedia.** No es un curso para principiantes, está orientado al operador Wyckoff intermedio ya que se estudian conceptos más avanzados.

Accede a la página del curso para conocer toda la información:

https://cursowyckoff.rubenvillahermosa.com

BIBLIOGRAFÍA

Al Brooks. (2012). Trading Price Action Trends. Canada: John Wiley & Sons, Inc.

Al Brooks. (2012). Trading Price Action Trading Ranges. Canada: John Wiley & Sons, Inc.

Al Brooks. (2012). Trading Price Action Reversals. Canada: John Wiley & Sons, Inc.

Anna Coulling. (2013). A Complete Guide To Volume Price Analysis: Marinablu International Ltd.

Bruce Fraser. Wyckoff Power Charting. www.stockcharts.com

David H. Weis. (2013). Trades about to happen. Canada: John Wiley & Sons, Inc.

Enrique Díaz Valdecantos. (2016). El método Wyckoff. Barcelona: Profit Editorial.

Gavin Holmes. (2011). Trading in the Shadow of the Smart Money.

Hank Pruden. (2007). The Three Skills of Top Trading. Canada: John Wiley & Sons, Inc.

Hank Pruden. (2000). Trading the Wyckoff way: Buying springs and selling upthrusts. Active Trader. Páginas 40 a 44.

Hank Pruden. (2011). The Wyckoff Method Applied in 2009: A Case Study of the US Stock Market. IFTA Journal. Páginas 29 a 34.

Hank Pruden y Max von Lichtenstein. (2006). Wyckoff Schematics: Visual templates for market timing decisions. STA Market Technician. Páginas 6 a 11.

Jack. Hutson. (1991). Charting the Stock Market: The Wyckoff Method. United States of America: Technical Analysis, Inc.

James E. O´Brien. (2016). Wyckoff Strategies & Techniques. United States of America: The Jamison Group, Inc.

Jim Forte. (1994). Anatomy of a Trading Range. MTA Journal / Summer-Fall. Páginas 47 a 58.

Lance Beggs. Your Traing Coach. Price Action Trader.

Readtheticker.com

Rubén Villahermosa. (2018). Wyckoff Basics: "Profundizando en los Springs". The Ticker, 1. Páginas 14 a 16.

Tom Williams. (2005). Master the Markets. United States of America: TradeGuider Systems.

Wyckoff Analytics. (2016) Advanced Wyckoff Trading Course: Wyckoff Associates, LLC. www.wyckoffanalytics.com

Wyckoff Stock Market Institute. (1968). The Richard D. Wyckoff Course in Stock Market Science and Technique. United States of America